Dampfgaren

Rezept	Seite	Kalorien/Portion	Kalorienarm	Für Gäste	Gelingt leicht	Etwas teurer	Braucht etwas Zeit	Preiswert	Vegetarisch	Fernöstlich
Rucola–Filet–Salat	6	295	●	●	●	●				
Cordon bleu vom Hähnchen	6	540		●	●					
Putenbrust in Thunfischsauce	8	345	●	●	●					
Kalbsrouladen mit Ananasfüllung	8	430	●	●		●				
Blumenkohl mit Teufelssauce	10	180	●		●			●	●	
Gemüseteller mit Kräuter-Aioli	11	555		●				●	●	
Rote Bete auf Kartoffelsauce	12	80	●		●			●	●	
Kabeljau im Weindampf	14	462			●			●		
Rotbarsch mit Haselnußbutter	15	420			●			●		
Spinat-Serviettenknödel	18	245		●			●	●	●	
Gefülltes Gemüse	18	585					●	●	●	
Gefüllte Zucchiniblüten	20	280		●					●	
Hähnchenbrustfilets	22	200	●	●	●			●		
Weinblätter mit Zitronensauce	22	455		●			●			
Rotwein-Makrelen	24	455		●	●		●			
Schellfisch mit Krabben-Wein-Sauce	25	430	●	●	●	●				
Kaninchen mit Paprikaschoten	26	490	●		●	●	●			
Kalbsfilet in italienischem Sud	26	360	●	●	●	●				
Süßsaures Gemüse	30	175	●		●			●	●	
Grünes Gemüse mit Erdnußcreme	31	270	●					●	●	●
Garnelen–Wan–Tans	32	430		●						●
Thailändische Fischmousse	32	390		●			●			●

GU Rezept

Rezept	Seite	Kalorien/Portion	Kalorienarm	Für Gäste	Gelingt leicht	Etwas teurer	Braucht etwas Zeit	Preiswert	Vegetarisch	Fernöstlich
Forelle mit Streifengemüse	34	440	●							●
Riesenchampignons	35	175	●	●						●
Entenbrust asiatisch	36	290	●	●	●	●				●
Koreanisches Rindfleisch	36	410	●	●		●	●			●
Kasseler mit Gemüsemarinade	38	325	●		●		●			
Schweinefleischröllchen	38	285	●	●			●	●		●
Miesmuscheln in Kokossauce	42	435	●		●					●
Chili-Catfish	43	275	●		●					●
Rotbarben nach Thai-Art	44	270		●		●				●
Nudeltaschen auf Spinat	44	480					●			●
Chinesische Hefebrötchen	46	155	●				●	●	●	●
Gemüseallerlei	47	310	●		●			●	●	
Schweinefilet auf Wirsing	48	180	●		●					●
Vietnamesische Fleischbällchen	48	280	●		●			●		●
Garnelen auf Ingwerkohl	52	325			●	●				●
Heilbuttkoteletts mit Kräutermöhren	52	340	●		●			●		
Zanderfilet mit Sauce Mousseline	54	270	●	●		●				
Jakobsmuscheln mit Kräuterbutter	55	300		●		●				
Hasenfilet mit Sherrysauce	56	360	●	●			●			
Safran-Gemüse-Reis	58	460			●				●	
Spinat-Pilzkuchen	58	475					●	●	●	
Zweierlei Spargel mit Zitronensabayon	60	280	●	●		●			●	
Artischocken mit Petersilienfüllung	60	425		●			●		●	

Wegweiser

Dämpfen ist die schonendste Zubereitungsart und daher auch eine der gesündesten. Besonders empfehlenswert für Gemüse, Obst, Fisch und mageres Fleisch. Das Prinzip des Dämpfens ist ganz einfach: In einem dicht geschlossenen Topf wird wenig Wasser oder eine andere Flüssigkeit zum Kochen gebracht. Die Zutaten liegen erhöht auf einem Einsatz und garen allmählich und ohne Druck in der vorbeiströmenden feuchten Wärme des Dampfes. Die Lebensmittel kommen dabei weder mit der Flüssigkeit noch mit Fett direkt in Berührung. Es kann beim Dämpfen also nichts überkochen oder ansetzen.

Natürlich essen mit viel Genuß

Die zahlreichen Vorzüge des Dämpfens liegen für Genießer wie für Ernährungsbewußte gleichermaßen klar auf der Hand. Gedämpfte Speisen sind der ideale Weg zum gesunden Essen, denn kein Luftsauerstoff und kein Wasser können die Lebensmittel auslaugen. So bleiben wertvolle Vitamine und Mineralstoffe fast vollständig erhalten. Zudem lassen sich eine Menge Kalorien einsparen, weil man beim Dämpfen, wenn man mag, ganz ohne Fett auskommt. Gaumen und Augen werden verwöhnt, denn das Garen auf die sanfte Tour verstärkt das typische Eigenaroma und die frischen Farben der Lebensmittel und erhält ihre saftige Konsistenz. Eine moderne Garmethode also, bei der sich überraschende Geschmackserlebnisse und zeitgemäße Ernährung in überzeugender Weise ergänzen.

Die schematische Darstellung zeigt, wie beim Dämpfen das Lebensmittel gegart wird.

Dämpfen im flexiblen Siebeinsatz

Notwendige Geräte

Alles, was Sie zum Dämpfen brauchen, sind zwei Dinge: einen Topf mit festschließendem Deckel und einen Dämpfeinsatz mit kleinen Öffnungen, durch die der Dampf nach oben strömen kann. Außer in einem Kochtopf funktioniert das Dämpfen ebensogut in einem Bräter, einem Fischtopf, einem Wok oder auch in einer hochwandigen Pfanne mit dazupassendem Deckel. Für diejenigen, die häufig dämpfen, lohnt sich ein elektrischer Dampfgarer.

Paßt immer: der flexible Siebeinsatz

Der Siebeinsatz aus Metall paßt sich allen Topf-, Wok- und Pfannengrößen an, weil sich seine Lamellen verschieben können. Am Griff läßt er sich leicht hineinstellen und problemlos wieder herausheben.

Garen im Dampf

Ob auf einem Siebeinsatz, im Wok oder in Spezialtöpfen gedämpft wird, das Prinzip bleibt immer gleich:

• Die Zutaten vorbereiten, würzen und auf dem Siebeinsatz verteilen.
• Wenn im Rezept nicht anders angegeben, so viel Flüssigkeit in Topf, Pfanne oder Wok füllen, daß der Boden 3–5 cm hoch bedeckt ist. Eventuell noch Würzzutaten hinzufügen.
• Den Siebeinsatz in den Topf stellen. Dabei unbedingt darauf achten, daß die Flüssigkeit das Gargut nicht berührt.
• Den Topf mit einem passenden Deckel gut verschließen. Je fester der Deckel schließt, um so weniger Dampf kann entweichen. Aroma- und wertvolle Nährstoffe, die sonst verlorengehen würden, bleiben so im Topf eingefangen.
• Die Flüssigkeit auf höchster Stufe aufkochen lassen. Sobald eine Dampffahne aufsteigt, auf mittlere Hitze zurückschalten. Erst jetzt beginnt die eigentliche Garzeit.
• Den Deckel zwischendurch möglichst nicht abheben, weil dadurch sofort der Dampf-Kreislauf und damit der Garvorgang unterbrochen wird.

Improvisieren erlaubt

Kein Problem, wenn Sie keinen Siebeinsatz oder speziellen Dämpftopf besitzen, Sie können gut improvisieren: Füllen Sie in einen breiten Topf 3–5 cm hoch Wasser (oder je nach Rezept andere Flüssigkeiten) und stellen Sie eine bis zwei hitzebeständige Tassen mit der Öffnung nach unten hinein. Arrangieren Sie die Zutaten auf einem Teller oder einer Platte, die Sie dann auf die Tassen setzen. Zwischen Topfrand und Teller oder Platte muß unbedingt noch so viel Zwischenraum sein, daß der Dampf genügend Platz hat, um nach oben zu steigen und zirkulieren zu können. Nun den Topf verschließen und das Wasser aufkochen lassen.

So geht's auch

Sämtliche Rezepte dieses Kapitels gelingen Ihnen ebenso gut im Stapeltopf, im Wok oder im Bambuskorb. Falls Sie ein Gericht im elektrischen Dampfgarer zubereiten wollen, beachten Sie bitte, daß in das Bodengefäß keine Gewürze oder andere Flüssigkeiten als Wasser gegeben werden dürfen.

Rucola-Filet-Salat

- Kalorienarm
- Etwas teurer

Für 4 Personen (als Vorspeise):

250 g Rinderfilet (etwa 10 cm dick)
4 EL kaltgepreßtes Olivenöl
Pfeffer · Salz
1 Zweig Thymian
100 g Rucola
3 Tomaten
100 g Champignons
1–2 TL Zitronensaft
1 Schalotte
1 kleine Knoblauchzehe
2 EL Weißweinessig
1 EL Aceto Balsamico (Balsamessig)

Zubereitungszeit: 45 Min.

Pro Portion ca.: 1225 kJ/295 kcal
13 g EW/22 g F/12 g KH

1 Das Filet trockentupfen, mit 1 EL Öl und etwas Pfeffer einreiben und in einen Siebeinsatz legen.

2 Einen Topf 5 cm hoch mit Wasser füllen. 1/2 TL Salz und den Thymian hinzufügen, alles aufkochen und zugedeckt 10 Min. köcheln lassen.

3 Inzwischen den Rucola putzen, waschen und abtropfen lassen. Die Blätter nach Belieben etwas kleiner zupfen. Tomaten überbrühen, abschrecken, häuten und halbieren. Stielansätze und Kerne entfernen, das Tomatenfleisch würfeln. Pilze putzen, in Scheiben schneiden und mit Zitronensaft beträufeln.

4 Schalotte und Knoblauch schälen. Das übrige Öl in eine Schüssel geben. Den Knoblauch dazudrücken. Die Schalotte sehr fein würfeln.

5 Den Siebeinsatz in den Topf stellen und das Filet zugedeckt bei mittlerer Hitze 3–5 Min. dämpfen (je nachdem, ob es innen rosa oder durchgegart sein soll).

6 Fleisch herausheben, in Alufolie wickeln, noch kurz ruhen lassen. Währenddessen aus Knoblauchöl, Schalotte, Weißweinessig, Salz und Pfeffer eine Marinade rühren, abschmecken.

7 Rucola, Tomaten und Pilze in der Marinade wenden und dekorativ auf vier Tellern oder einer Platte anrichten.

8 Das Filet in dünne Scheiben schneiden, auf den Salat legen. Den ausgetretenen Fleischsaft mit Aceto Balsamico verrühren, über die Scheiben träufeln.

Cordon bleu vom Hähnchen

- Für Gäste
- Gelingt leicht

Für 4 Personen:

4 ausgelöste Hähnchenbrustfilets (je etwa 125 g)
Salz · weißer Pfeffer
Paprika, edelsüß
100 g Blauschimmelkäse (ohne Rinde)
4 kleine Scheiben gekochter Schinken
1 Zwiebel
2 rote Paprikaschoten
2 EL Öl
1 Zweig Thymian
300 ml Hühner- oder Gemüsebrühe
2 EL Butter
3 EL Zitronensaft
ein paar Petersilienblättchen zum Garnieren
Holzspießchen zum Zustecken

Zubereitungszeit: 40 Min.

Pro Portion ca.: 2265 kJ/540 kcal
60 g EW/28 g F/10 g KH

1 In jedes Filet längs eine Tasche schneiden. Das Fleisch kurz kalt waschen und gut trockentupfen, innen mit Salz, Pfeffer und Paprika würzen.

2 Den Blauschimmelkäse in Würfel schneiden. In jede Tasche 1 Scheibe Schinken und ein paar Käsewürfel füllen, das Fleisch am Rand mit Holzspießchen zustecken. Die Cordon bleu in den Siebeinsatz legen.

3 Die Zwiebel schälen und fein hacken. Die Paprikaschoten vierteln, putzen und waschen. Ein Paprikaviertel sehr klein würfeln, den Rest in Streifen schneiden.

4 Das Öl in einem Topf erhitzen, Zwiebel und Paprikastreifen darin anbraten. Thymian hinzufügen und alles mit der Brühe ablöschen, zugedeckt leicht köcheln lassen.

5 Währenddessen den Siebeinsatz in den Topf stellen, die Cordon bleu zugedeckt bei mittlerer Hitze 12–14 Min. dämpfen. Die fertigen Cordon bleu warm stellen.

6 Den Thymian aus der Brühe nehmen. Die Brühe samt Paprikastreifen mit dem Schneidestab oder im Mixer fein pürieren. Die Sauce bei starker Hitze unter Rühren sämig einkochen lassen, mit Salz, Pfeffer und Paprikapulver abschmecken.

7 In der Zwischenzeit die Butter mit dem Zitronensaft in einem Pfännchen zerlassen, salzen und pfeffern.

8 Hähnchen-Cordonbleu und Paprikasauce auf Tellern anrichten. Die Zitronenbutter über das Fleisch löffeln. Zum Schluß alles mit den rohen Paprikawürfeln und den Petersilienblättchen bestreuen. Dazu schmecken Zucchinigemüse und Stangenweißbrot.

TIP!

Bei Blauschimmelkäse haben Sie die große internationale Auswahl. Vertreter aus Deutschland sind beispielsweise Cambozola und Bavariablu. Italiens bekanntester ist der Gorgonzola. Aus Frankreich kommen Roquefort, der Vater aller Blauschimmelkäse und alle anderen, die »Bleu« genannt werden. In England sind Blue Stilton zu Hause und all jene Käse, deren Namen den Zusatz »Blue« tragen. Dänemark präsentiert sich mit Castello blau und Danablu.

Im Bild vorne: Cordon bleu vom Hähnchen
Im Bild hinten: Rucola-Filet-Salat

Putenbrustscheiben in Thunfisch-Kapern-Sauce

● Kalorienarm
● Gelingt leicht

Für 4 Personen:

1 Bund Suppengrün
1 TL schwarze Pfeffer-
körner
1 Lorbeerblatt
1/2 l Hühnerbrühe
600 g Putenbrustfilet
1 Dose Thunfisch naturell
(150 g Inhalt)
3–4 eingelegte
Sardellenfilets
1 ganz frisches Eigelb
2 EL kleine Kapern
2–3 EL Zitronensaft
50 ml kaltgepreßtes
Olivenöl
1 EL feingehackte glatte
Petersilie
Salz · weißer Pfeffer
ein paar hauchdünne
Zitronenscheiben zum
Garnieren

Zubereitungszeit: 40 Min.

Pro Portion ca.: 1445 kJ/345 kcal
46 g EW/16 g F/2 g KH

1 Das Suppengrün waschen, putzen und grob zerkleinern. Mit den Pfefferkörnern, dem Lorbeerblatt und der Brühe in einem Topf aufkochen und zugedeckt 10 Min. köcheln lassen.

2 Das Putenfleisch in den Siebeinsatz legen und in den Topf stellen. Das Fleisch zugedeckt bei mittlerer Hitze 15 Min. garen.

3 Inzwischen den Thunfisch abtropfen lassen. Die Sardellenfilets kalt abspülen, trockentupfen und kleinschneiden.

4 Thunfisch in Stücke teilen und im Mixer mit Sardellen, Eigelb, 1 EL Kapern und 2 EL Zitronensaft fein pürieren. Nach und nach das Öl einfließen lassen.

5 Die Putenbrust aus dem Topf heben, schräg in dünne Scheiben schneiden und auf Tellern anrichten. Die Sauce mit etwas durchgesiebter Brühe sämig rühren, Petersilie untermischen, Sauce mit Salz, Pfeffer und eventuell Zitronensaft abschmecken.

6 Die Fleischscheiben mit der Sauce übergießen. Mit den übrigen Kapern bestreuen und mit Zitronenscheiben garnieren. Als Beilage passen Baguette und Blattsalat.

> **TIP!**
> Dieses Gericht schmeckt auch kalt sehr gut und eignet sich prima für ein Buffet oder Picknick.

Kalbsrouladen mit Ananasfüllung

● Für Gäste
● Etwas teurer

Für 4 Personen:

100 g durchwachsener,
geräucherter Speck
400 g Ananasfleisch
(frisch oder aus der Dose)
2 Frühlingszwiebeln
2 EL Mango-Chutney, süß-
sauer (aus dem Glas)
2–3 TL Zitronensaft
1–2 Msp. Cayennepfeffer
1 EL Sonnenblumenkerne
8 dünne, kleine Kalbs-
schnitzel aus der Keule (je
etwa 75 g)
Salz · Pfeffer
400 ml Fleisch- oder
Gemüsebrühe
4 EL Sahne
Holzspießchen zum Fest-
stecken

Zubereitungszeit: 1 Std.

Pro Portion ca.: 1805 kJ/430 kcal
33 g EW/54 g F/17 g KH

1 Speck ohne Schwarte in kleine Würfel schneiden und in einer beschichteten Pfanne kroß ausbraten. Mit einer Schaumkelle aus dem Fett heben und auf Küchenpapier gut abtropfen lassen.

2 Inzwischen Ananas aus der Dose abtropfen lassen. Vom Ananasfleisch ein Viertel in kleine Würfelchen, den Rest in etwa 3 cm große Stücke schneiden. Die Frühlings-

zwiebeln putzen und waschen. 1 Zwiebel in feine Scheiben, die andere schräg in etwa 3 cm lange Stücke schneiden. Ananaswürfel, Zwiebelscheiben und die Hälfte der ausgelassenen Speckwürfel vermengen.

3 Für die Füllung Mango-Chutney mit 2 TL Zitronensaft und Cayennepfeffer leicht scharf würzen. Die Sonnenblumenkerne grob hacken und unterheben.

4 Die Kalbsschnitzel kurz kalt waschen und gut trockentupfen. Zwischen Klarsichtfolie legen und mit einem Messerrücken behutsam glattstreichen (nicht klopfen). Auf eine Arbeitsfläche legen, salzen, pfeffern und mit dem Mango-Chutney bestreichen. Die Ananasfüllung gleichmäßig darauf verteilen. Kalbsschnitzel eng zu Rouladen aufrollen und mit Holzspießchen feststecken.

5 Den Siebeinsatz mit etwas ausgelassenem Fett einölen, die Rouladen darauf legen. Brühe in einen Topf füllen, den Siebeinsatz hineinstellen.

Brühe aufkochen lassen und die Rouladen zugedeckt bei mittlerer Hitze 12–14 Min. garen.

6 Die Rouladen herausnehmen und warm stellen. Sahne in die heiße Brühe rühren und offen sämig einköcheln lassen. Ananas- und Frühlingszwiebelstücke darin heiß werden lassen. Die Sauce mit Salz, Pfeffer, Cayennepfeffer und eventuell Zitronensaft abschmecken.

7 Rouladen und Sauce auf vorgewärmten Tellern anrichten und mit den restlichen Speckwürfeln bestreuen. Als Beilage paßt eine Wildreis-Mischung.

TIP!

Kräftiger schmeckt die Sauce, wenn Sie die Ananas und Zwiebel kurz im Speckfett anbraten. Das Fett dann aus der Pfanne gießen und den Bratfond mit der Brühe ablöschen. Mit der Sahne verrühren und die Sauce wie beschrieben zubereiten.

**Im Bild vorne: Kalbsrouladen mit Ananasfüllung
Im Bild hinten: Putenbrustscheiben in Thunfisch-Kapern-Sauce**

Blumenkohl mit Teufelssauce

● Gelingt leicht
● Preiswert

Für 4 Personen:

Für den Blumenkohl:
1 fester Blumenkohl
(etwa 1,2 kg)
Salz
2 EL Zitronensaft
Für die Sauce:
1 Gemüsezwiebel
1 gelbe Paprikaschote
1 grüne Peperoni (frisch
oder eingelegt)
3 EL Olivenöl
1 kleine Dose geschälte
Tomaten (400 g Inhalt)
150 ml Gemüsebrühe
1 TL Paprikapulver
10–12 schwarze Oliven
1/2 Bund Petersilie
Salz
1–2 Msp. Cayennepfeffer

Zubereitungszeit: 45 Min.

Pro Portion ca.: 755 kJ/180 kcal
6 g EW/8 g F/25 g KH

1 Den Blumenkohl putzen, waschen und als ganzen Kopf in einen Siebeinsatz setzen. Einen hohen Topf 5 cm hoch mit Wasser füllen, Salz und Zitronensaft hinzufügen. Den Siebeinsatz in den Topf stellen, das Wasser zum Kochen bringen und den Blumenkohl zugedeckt bei mittlerer Hitze in 30 Min. bißfest dämpfen.

2 Inzwischen für die Sauce die Zwiebel schälen und grob hacken. Paprikaschote und Peperoni putzen, waschen. Paprika in große Würfel, Peperoni in 1/2–1 cm lange Stücke schneiden.

3 In einem flachen Topf das Öl erhitzen und die Zwiebel darin unter Rühren hellgelb anbraten. Paprika und Peperoni kurz mitbraten. Tomaten samt Saft, Brühe und Paprikapulver unter das Gemüse rühren. Das Ganze zugedeckt bei schwacher Hitze 20 Min. köcheln lassen.

4 Währenddessen die Oliven entsteinen und vierteln. Petersilie waschen, trockenschütteln, die Blättchen von den Stengeln zupfen und fein schneiden. Beides unter die Sauce rühren, mit Salz und Cayennepfeffer scharf abschmecken.

5 Die Teufelssauce auf vorgewärmte Teller verteilen. Den Blumenkohl vierteln oder in Röschen teilen, leicht salzen und auf die Sauce setzen. Dazu passen Kartoffeln und nach Belieben kleine Schweineschnitzel.

Gemüseteller mit Kräuter-Aioli

● Vegetarisch
● Für Gäste

Für den Aioli müssen alle Zutaten unbedingt Zimmertemperatur haben.

Für 4 Personen:

Für das Gemüse:
1 große Fenchelknolle
400 g schlanke Möhren
2 junge Kohlrabi mit Blättern
4 mittelgroße Kartoffeln
400 g grüne Bohnen
Salz · 4 Eier
Für den Aioli:
1 Scheibe Toastbrot
6 EL Milch
2–3 Knoblauchzehen (je nach Geschmack)
1 ganz frisches Eigelb
150 ml Olivenöl
2 EL Joghurt
2 EL gehackte, gemischte Kräuter
1–2 TL Zitronensaft
Salz · Pfeffer

Zubereitungszeit: 40 Min.

Pro Portion ca.: 2315 kJ / 555 kcal
14 g EW / 57 g F / 48 g KH

1 Das Gemüse putzen, waschen und bei Bedarf schälen, Fenchel- und Kohlrabigrün beiseite legen. Den Fenchel in dünne Spalten schneiden. Die Möhren längs halbieren. Kohlrabi vierteln und in Scheiben schneiden, Kartoffeln vierteln und die Bohnen ganz lassen.

2 Einen Topf 5 cm hoch mit Salzwasser füllen. Das Gemüse in den Dämpfeinsatz legen und in den Topf stellen. Wasser aufkochen lassen, Gemüse zugedeckt bei mittlerer Hitze in 20–25 Min. knackig garen.

3 Inzwischen die Eier in 7 Min. nicht ganz hart kochen. Für den Aioli das Brot entrinden, mit der Milch übergießen und 5 Min. einweichen. Anschließend das Brot gut ausdrücken.

4 Den Knoblauch schälen und dazupressen. Mit dem Eigelb zu einer homogenen Masse vermischen. Das Öl nach und nach unterschlagen, bis eine feste Mayonnaise entsteht. Joghurt und Kräuter unterheben und mit Zitronensaft, Salz und Pfeffer abschmecken.

5 Die Eier schälen und halbieren, mit dem Gemüse auf Tellern anrichten. Gemüsegrün in kleinere Stücke zupfen, die Teller damit garnieren. Kräuter-Aioli getrennt dazu reichen. Mit ofenfrischem Baguette oder Nußbrot servieren.

Rote Bete auf Kartoffelsauce

● Preiswert
● Vegetarisch

Rote Bete-Knollen gibt es auch schon fertig gegart, in Folie eingeschweißt, zu kaufen. Sie können sie entweder über Dampf in 12 Minuten erhitzen oder nach Belieben auch kalt in Scheiben schneiden und mit der warmen Kartoffelsauce servieren. Die Zutatenmenge reicht für 2 Personen als Hauptgericht. Gut dazu paßt Kurzgebratenes wie Koteletts oder Schnitzel.

Für 4 Personen (als Vorspeise):

3 Rote-Bete-Knollen
(je etwa 150 g)
1 mehlige Kartoffel
(etwa 100 g)
1 Zweig Rosmarin
Salz
2 EL Crème fraîche
75 ml Milch
1 TL Meerrettich (aus dem Glas)
1 EL kleine Kapern
weißer Pfeffer
1 Bund Schnittlauch
nach Belieben ein paar eingelegte Kapernäpfel (siehe Tip) zum Garnieren

Zubereitungszeit: 50–55 Min.

Pro Portion ca.: 330 kJ/80 kcal
3 g EW/3 g F/12 g KH

1 Die roten Beten unter fließendem Wasser waschen, aber weder Wurzel- noch Blattansätze abschneiden. Die Kartoffel und den Rosmarin ebenfalls waschen. Rote Bete und Kartoffel in den Siebeinsatz legen.

2 In einen Topf 1 l Wasser füllen, 1 TL Salz und den Rosmarinzweig hinzufügen. Den Siebeinsatz mit dem Gemüse in den Topf stellen, das Wasser aufkochen lassen und alles zugedeckt bei mittlerer Hitze zunächst 30–35 Min. dämpfen.

3 Wenn die Kartoffel weich ist, herausnehmen und kalt abschrecken. Anschließend pellen und durch eine Kartoffelpresse in einen Topf drücken oder mit einem Kartoffelstampfer im Topf fein zerdrücken. Die Crème fraîche hinzufügen.

4 Die Milch erhitzen und soviel davon mit kräftigem Schlagen zur Kartoffel rühren, daß eine glatte und sämige Sauce entsteht. Meerrettich und Kapern darunterziehen. Die Kartoffelsauce mit Salz, Pfeffer und etwas

Kapernflüssigkeit abschmecken. Zugedeckt warm stellen.

5 Die roten Beten unter kaltem Wasser abschrecken und anschließend häuten (dazu am besten Haushaltshandschuhe anziehen, weil der rote Saft sich schwer von den Händen entfernen läßt). Die Knollen in gleichmäßige Scheiben schneiden.

6 Den Schnittlauch waschen. Ein paar Halme zum Garnieren beiseite legen, den Rest in feine Röllchen schneiden, unter die Sauce rühren.

7 Die Kartoffel-Kapern-Sauce als »Spiegel« auf vorgewärmten flachen Tellern verteilen. Die Rote-Bete-Scheiben darauf dekorativ anrichten. Mit grob gemahlenem Pfeffer bestreuen und mit Schnittlauchhalmen und eventuell Kapernäpfeln garnieren.

TIP!

Kapern sind die Blütenknospen des dornigen Kapernstrauches. Sie werden eingelegt und in unterschiedlichen Qualitäten angeboten, wobei die kleinsten die feinsten sind. Sie heißen Nonpareilles, die Unvergleichlichen, haben 1–7 mm Durchmesser und sind fest im Biß. Es folgen dann die Größen Surfines, Fines, Mifines, Capucines und Capotes. Die mit 13–15 mm Durchmesser allergrößten heißen Gruesas. Leider findet man heute nur noch selten die Bezeichnungen auf der Packung. Besonders delikat und attraktiv zum Garnieren sind eingelegte Kapernäpfel, die Früchte der Kapernsträucher.

Kabeljau im Weindampf

● Preiswert
● Gelingt leicht

Für 2 Personen:

2 Kabeljaukoteletts (je
etwa 200 g)
1 unbehandelte Zitrone
Salz
schwarzer Pfeffer
500 g Broccoli
1 Möhre
1 gelbe Paprikaschote
4–5 Stengel glatte Peter-
silie
3 Zweige Thymian
1 Knoblauchzehe
1/4 l trockener Weißwein
2 EL Butter

Zubereitungszeit: 30 Min.

Pro Portion ca.: 1935 kJ/462 kcal
44 g EW/14 g F/27 g KH

1 Die Fischkoteletts kurz waschen und mit Küchenpapier trockentupfen. Die Zitrone heiß waschen, 1 Hälfte auspressen. Den Fisch beidseitig mit dem Zitronensaft beträufeln, leicht salzen und pfeffern.

2 Das Gemüse waschen. Broccoli in kleine Röschen zerteilen, Möhre schälen und längs vierteln, dann in mundgerechte Stücke, Paprika in breite Streifen schneiden. Petersilie und Thymian waschen und die Blättchen von den Stengeln zupfen. Knoblauch schälen, fein hacken.

3 Die übrige halbe Zitrone in dünne Scheiben schneiden, mit den Petersilienblättchen auf dem Siebeinsatz verteilen. Fischkoteletts und Gemüse darauf legen und mit Knoblauch und Thymian bestreuen.

4 Den Weißwein in einen ausreichend großen Topf gießen, den Siebeinsatz hineinsetzen. Topfdeckel auflegen und den Wein aufkochen lassen. Fisch und Gemüse zugedeckt bei mittlerer Hitze 10 Min. dämpfen.

5 Inzwischen die Butter in einem Pfännchen zerlassen, vor dem Servieren über Fisch und Gemüse träufeln. Dazu schmecken Kartoffeln.

TIP!

Statt Fischkoteletts können Sie auch ganze Fische im Weindampf zubereiten. Zum Beispiel kleine Forellen, Saiblinge oder Makrelen von je 250–300 g Gewicht. Die Garzeit verlängert sich dann nur um 2–3 Min.

Rotbarsch mit Haselnußbutter

● Preiswert
● Gelingt leicht

Für 2 Personen:

200 g tiefgekühlter Blattspinat
1 Zitrone
350 g Rotbarschfilet
Salz · Pfeffer
3 EL Öl
1 EL Butter
3 EL gehobelte oder ge-
hackte Haselnußkerne
Muskatnuß, frisch gerieben

Zubereitungszeit: 45 Min.

Pro Portion ca.: 1760 kJ/420 kcal
37 g EW/28 g F/11 g KH

1 Den Spinat etwas an-
tauen lassen. Inzwischen
die Zitrone heiß waschen,
abtrocknen und halbie-
ren. 1 Hälfte auspressen,
die andere in Scheiben
schneiden. Das Fischfilet
kurz waschen, trocken-
tupfen und in 2 gleich
große Stücke schneiden.
Diese rundherum mit 1 EL
Zitronensaft, Salz und
Pfeffer würzen, zugedeckt
beiseite stellen.

2 Den angetauten Spinat
grob hacken und in den
Siebeinsatz legen. Die
Fischstücke obenauf set-
zen. Einen Topf 5 cm
hoch mit Wasser füllen
und die Zitronenscheiben
hineinlegen. Den Siebein-
satz in den Topf setzen

und das Wasser aufko-
chen lassen. Spinat und
Fisch zugedeckt bei mitt-
lerer Hitze je nach Dicke
des Fischfilets 10–12 Min.
dämpfen.

3 Währenddessen das Öl,
die Butter und die Nuß-
blättchen in eine Pfanne
geben und alles bei mitt-
lerer Hitze leicht bräunen
lassen. Mit Salz und Pfeffer würzen.

4 Den Fisch auf vorge-
wärmte Teller legen. Den
Spinat mit Salz, Pfeffer,
Muskat und eventuell
noch etwas Zitronensaft
abschmecken, neben dem
Rotbarsch anrichten. Die
Fischstücke mit der heißen
Haselnußbutter begießen.
Als Beilage Kartoffeln
oder Kartoffelpüree ser-
vieren.

VARIANTE

Anstelle von Rotbarschfilet
Kabeljau- oder Seelachsfilet
nach diesem Rezept zube-
reiten. Die Haselnüsse dann
durch Mandelblättchen oder
grobgehackte Erdnüsse aus-
tauschen.

Praktisch fürs Dampfgaren sind Stapeltöpfe, bei denen der Dämpfaufsatz abnehmbar ist. Es gibt sie in unterschiedlichen Größen und Formen, vor allem aus Edelstahl, aber auch emailliert. In den unteren Topf kommt die Flüssigkeit hinein, in den oberen Teil mit gelochtem Boden legt man die Zutaten. Stapeltöpfe haben oft einen Glasdeckel, der für Durchblick sorgt.

Würze sorgt für Finesse

Mit purem Wasser können Sie natürlich am einfachsten Dampf erzeugen. Zwei Gründe aber sprechen für einen aromatischen Sud: Zum einen durchzieht der Aromadampf die Speisen und bewirkt einen unvergleichbaren, natürlichen und raffinierten Geschmack, der mit der herkömmlichen Art des Würzens kaum zu erreichen ist. Zum anderen entsteht ganz nebenbei eine schmackhafte Grundlage, die Sie entweder für eine begleitende Sauce verwenden können, oder die sich später gut für eine Suppe oder zum Kochen von Reis eignet. Der Sud besteht beispielsweise aus Gemüse-, Fleisch- oder Hühnerbrühe und wird zusätzlich mit würzenden Zutaten wie Kräuterstengeln, etwas Wein, einem Schuß Sherry oder Sojasauce abgerundet. Kräftige Würze bringen auch Knoblauch, Ingwer, Lorbeerblätter, getrocknete Pilze oder die Schale von Limette oder unbehandelter Zitrone.

Dämpfen im Stapeltopf

Zum Dämpfen ideal

Gemüse bekommt diese Garmethode besonders gut, wie zum Beispiel Blumenkohl, Broccoli, Fenchel, Kohlrabi, Möhren, Sellerie, Spargel, Paprikaschoten und Zwiebeln. Kartoffeln und rote Bete sollten möglichst in der Schale gedämpft werden. Tomaten allerdings mit ihrem hohen Wassergehalt verlieren schnell an Saft und Kraft.

Die Garzeiten sind beim Dämpfen immer ein klein wenig länger als beim Kochen oder Dünsten. Fisch bleibt im Dampf wunderbar saftig und aromatisch, da er keine Flüssigkeit verliert. Besonders köstlich gelingen ganze Fische wie Forellen, Makrelen, Renken, Rotbarben, Saiblinge und Seezunge. Das Gewicht der Fische sollte zwischen 250 g bis 600 g liegen. Bestens gelingen auch festfleischige Fischkoteletts oder Filets wie von Kabeljau, Rotbarsch und Zander sowie Meeresfrüchte. Fleisch und Geflügel, das zart und mager ist, eignet sich besonders gut zum fettarmen Dämpfen. Geflügelbrust und alle Arten von Filets haben außer-

dem erfreulich kurze Garzeiten. Gefülltes wie Teigtaschen, Weinblätter, Hefekrapfen und Minirouladen bleiben garantiert gut in Form.

Gute Qualität ist wichtig

Von erstklassiger Qualität sollten alle Zutaten sein, denn beim Dampfgaren lassen sich nicht mal die kleinsten Mängel überdecken. Mittelmäßige Zutaten werden auch durch sanftes Garen nicht besser. Gemüse, Obst und Kräuter müssen prall und saftig sein. Beim Fleischeinkauf fragen Sie eventuell Ihren Metzger nach dem richtigen Stück. Ob Fisch topfrisch ist, erkennen Sie an seinen roten Kiemen, der feuchtglänzenden Haut und den klaren Augen.

Die richtige Schnitt-Technik

Damit beim Dämpfen alles gleichzeitig gar wird, sollten Sie darauf achten, daß vor allem Gemüsestücke gleich groß geschnitten sind. Bei der Kombination von unterschiedlichen Gemüsesorten gilt: Je zarter die Struktur (beispielsweise von Pilzen, Zucchini und Lauch) ist, um so größer sollten die Stücke sein. Und umgekehrt: Ist die Struktur fest (wie von Wurzelgemüse und Kartoffeln), desto kleiner muß man das Gemüse schneiden. Portionsstücke

von Fleisch und Fisch sollten jeweils gleich viel wiegen, ebenso ganze Fische.

So geht's auch

Sämtliche Rezepte dieses Kapitels gelingen Ihnen ebensogut im flexiblen Siebeinsatz, im Wok oder im Bambuskorb. Falls Sie ein Gericht im elektrischen Dampfgarer zubereiten wollen, beachten Sie bitte, daß in das Bodengefäß keine Gewürze oder andere Flüssigkeiten als Wasser gegeben werden dürfen.

Die gute Vorbereitung ist oft schon der halbe Erfolg. Die Größe der Stücke hängt ab von verschiedenen Garzeiten und Struktur.

Spinat-Serviettenknödel

- Für Gäste
- Braucht etwas Zeit

Praktisch zum Garen wäre hier ein länglicher Fisch-Dämpftopf.

Für 4–6 Personen (als Beilage):

6 Brötchen vom Vortag
300 ml Milch
Salz
500 g frischer Blattspinat (ersatzweise Mangold)
2 Schalotten
2 EL Butter
1 Bund Petersilie
4 Eier
1/2 TL Parika, edelsüß
Pfeffer
Muskatnuß, frisch gerieben

Zubereitungszeit: 1 3/4 Std.
Bei 6 Personen pro Portion ca.:
1020 kJ/245 kcal
10 g EW/12 g F/25 g KH

1 Brötchen in Scheiben schneiden. Milch mit etwas Salz aufkochen lassen, über die Brötchen gießen und diese zugedeckt 30 Min. einweichen.

2 Inzwischen Salzwasser aufkochen lassen. Den Spinat putzen und 1 Min. blanchieren. Danach eiskalt abschrecken, sehr gut abtropfen lassen und grob hacken.

3 Die Schalotten schälen, fein würfeln und in der Butter glasig braten. Den Spinat noch 2 Min. mitdünsten. Die Petersilie waschen und die Blättchen fein hacken.

4 Die Brötchen gut ausdrücken und mit der Spinatmasse, der Petersilie, den Eiern und dem Paprikapulver gründlich vermengen. Mit Salz, Pfeffer und Muskat kräftig abschmecken.

5 Eine große Serviette oder ein Geschirrtuch mit kochendheißem Wasser übergießen und leicht abgekühlt auswringen. Die Knödelmasse zu einem Laib formen, der noch in den Siebaufsatz paßt. Locker in das Tuch binden (es muß genügend Platz bleiben, damit der Serviettenknödel aufgehen kann).

6 Den Topf mit 1 l Salzwasser füllen. Die verpackte Knödelmasse in den Siebaufsatz legen und auf den Topf stellen. Das Wasser aufkochen lassen und den Serviettenknödel zugedeckt bei mittlerer Hitze in 45 Min. garen. Heiß in fingerdicke Scheiben schneiden und zu Gerichten mit viel Sauce reichen.

Gefülltes Gemüse mit kalter Tomatensauce

- Vegetarisch
- Preiswert

Für 2 Personen:

1 gelbe Paprikaschote
1 nicht zu schlanker Zucchino
1 Gemüsezwiebel
300 g Ricotta (ersatzweise Schichtkäse oder Topfen)
Für die Paprikafüllung:
6 entsteinte schwarze Oliven
1 EL Kapern
1 EL Kapernflüssigkeit
Für die Zucchinofüllung:
1/2 Bund Basilikum
1 EL Aceto Balsamico (Balsamessig)
1 EL Basilikumöl (oder Olivenöl)
Für die Zwiebelfüllung:
50 g gekochter Schinken
1 Knoblauchzehe
1 EL Olivenöl
2 TL Zitronensaft
Für die Tomatensauce:
100 g Weißbrot (ohne Rinde)
1 EL Aceto Balsamico (Balsamessig)
250 g Tomaten
2 EL Tomatenketchup
1 EL Olivenöl
Außerdem:
Salz · Pfeffer
Olivenöl
ein paar Kräuterblättchen

Zubereitungszeit: 1 Std.
Pro Portion ca.: 2455 kJ/585 kcal
29 g EW/31 g F/51 g KH

1 Die Paprikaschote samt dem Stiel längs halbieren, den Stiel nicht entfernen.

Die Hälften entkernen und waschen. Zucchino waschen, längs halbieren und entkernen. Die Gemüsezwiebel schälen und halbieren, die inneren Schichten herauslösen und sehr fein hacken.

2 Den Ricotta in 3 Portionen teilen. Für die Paprikafüllung die Oliven grob hacken. Mit Kapern, Kapernflüssigkeit, 2 EL von der feingehackten Gemüsezwiebel und 1 Portion Ricotta gut vermengen. Mit Salz und Pfeffer würzen und in die Paprikahälften füllen.

3 Für die Zucchinofüllung Basilikum waschen, die Blättchen von den Stengeln zupfen und mit 1 Portion Ricotta pürieren. Essig und Öl unter die Füllung mischen und mit Salz und Pfeffer abschmecken. Die Zucchinohälften damit füllen.

4 Für die Zwiebelfüllung den Schinken sehr fein hacken. Knoblauch schälen und ebenfalls sehr fein hacken. Beides mit dem restlichen Ricotta, Öl und Zitronensaft vermischen. Die Masse mit Salz und Pfeffer kräftig abschmecken, Zwiebelhälften damit füllen.

5 Den Boden des Siebaufsatzes mit etwas Öl bepinseln. Die gefüllten Gemüse darauf setzen und die Oberflächen mit etwas Öl bepinseln. Etwa 1 l Salzwasser in den Topf füllen, das Gemüse darauf setzen, Wasser aufkochen lassen und das Gemüse zugedeckt bei mittlerer Hitze 20 Min. dämpfen.

6 In der Zwischenzeit für die Tomatensauce das Weißbrot in Stücke zupfen und mit dem Essig beträufeln. Die Tomaten mit kochendem Wasser überbrühen, kalt abschrecken, häuten und halbieren. Stielansätze und Kerne entfernen, das Tomatenfleisch grob hakken, zum Weißbrot geben. Das Ganze pürieren.

7 Tomatenketchup und Öl unter das Püree rühren, Sauce mit Salz und Pfeffer abschmecken. Das gefüllte Gemüse mit der Tomatensauce auf Tellern anrichten und mit Kräuterblättchen garnieren.

Im Bild vorne: Gefülltes Gemüse mit kalter Tomatensauce
Im Bild hinten: Spinat-Serviettenknödel

Gefüllte Zucchiniblüten

● Vegetarisch
● Für Gäste

Es gibt männliche und weibliche Zucchiniblüten. Zum Füllen werden meist die männlichen mit dem dünneren Blütenstiel verwendet. Aus den weiblichen Blüten bilden sich die dickeren Früchte.

Für 4 Personen (als Vorspeise):

300 g mehligkochende Kartoffeln
8 große Zucchiniblüten (eventuell mit Fruchtansatz)
50 g Pecorino am Stück (oder Parmesan)
1 kleiner Zucchino (etwa 100 g)
1 Knoblauchzehe
2 1/2 EL kaltgepreßtes Olivenöl
150–200 g Ricotta (ersatzweise Frischkäse)
Salz · weißer Pfeffer
1 unbehandelte Zitrone
2 EL Basilikumöl (ersatzweise kaltgepreßtes Olivenöl)
ein paar Basilikumblättchen zum Garnieren

Zubereitungszeit: 1 Std.

Pro Portion ca.: 1170 kJ/280 kcal
14 g EW/19 g F/16 g KH

1 Für die Füllung die Kartoffeln waschen und mit Schale weich kochen.

2 Inzwischen die Zucchiniblüten behutsam waschen und trockentupfen. Die Blüten vorsichtig öffnen und die Blütenstempel mit den Staubgefäßen herausbrechen. Die eventuell vorhandenen Fruchtansätze der Länge nach fächerartig einschneiden.

3 Den Pecorino fein reiben. Den Zucchino waschen, putzen und fein raspeln. Den Knoblauch schälen.

4 In einer Pfanne 2 EL Olivenöl erhitzen, die Zucchiniraspel darin unter Rühren andünsten. Den Knoblauch durch eine Presse dazudrücken.

5 Die Kartoffeln kalt abschrecken, pellen, durch eine Kartoffelpres-

se drücken oder mit einem Kartoffelstampfer zerdrücken. Mit den angedünsteten Zucchiniraspeln, Pecorino und Ricotta gründlich vermischen. Die Masse mit Salz und Pfeffer abschmecken. Den Siebaufsatz mit dem restlichen Olivenöl auspinseln.

6 Die Füllung in einen Spritzbeutel mit großer Tülle geben und in die Blüten spritzen (oder mit einem Löffel in die vorbereiteten Blüten füllen).

7 Die Zucchiniblüten durch Zusammendrehen der Spitzen wieder verschließen, nebeneinander in das Sieb legen.

8 Die Zitrone heiß waschen, halbieren und 1 Hälfte in Scheiben schneiden. Die Zitronenscheiben mit 1/2 l Wasser in den Topf geben. Den Siebaufsatz obenauf stellen, das Wasser aufkochen lassen. Die Zucchiniblüten zugedeckt bei mittlerer Hitze 10 Min. dämpfen.

9 Währenddessen die zweite Zitronenhälfte auspressen. Das Basilikumöl mit 2 EL Zitronensaft und 1 Prise Salz kräftig verschlagen.

10 Je 2 gefüllte Zucchiniblüten auf vorgewärmten Tellern anrichten und mit der Öl-Zitronen-Mischung hauchdünn bepinseln. Mit Basilikumblättchen garnieren und sofort servieren.

Hähnchenbrustfilets im Lauchmantel

● Preiswert
● Kalorienarm

Für 4 Personen:

4 Hähnchenbrustfilets (je etwa 120 g)
2 TL Meerrettich (aus dem Glas)
1 Stange Lauch (etwa 200 g)
1/2 l Hühnerbrühe
400 g Möhren
1 Zwiebel
1/2 Bund Petersilie
Salz · Pfeffer
1 TL Senf
1 EL Crème fraîche
ein paar Tropfen Zitronensaft

Zubereitungszeit: 50 Min.

Pro Portion ca.: 837 kJ/200 kcal
25 g EW/4 g F/16 g KH

1 Das Fleisch waschen, trockentupfen und längs halbieren. Rundherum mit dem Meerrettich einreiben.

2 Den Lauch putzen und längs halbieren. Die Blätter einzeln ablösen und längs in etwa 2 cm breite Streifen schneiden. Die Brühe im Topf aufkochen lassen. Lauchstreifen darin 2 Min. köcheln lassen, herausheben und abkühlen lassen.

3 Möhren schälen, waschen und längs mit dem Sparschäler in Streifen schneiden. Zwiebel schälen und fein würfeln. Petersilie waschen, die Blättchen abzupfen, zur Hälfte hacken.

4 Die Möhren mit der Zwiebel und den Petersilienblättchen vermischen und in den Siebaufsatz füllen. Je 2 Fleischhälften aufeinanderlegen, die Lauchstreifen in der Mitte um die Hähnchenbrustfilets wickeln. Päckchen auf die Möhren legen, alles leicht salzen und pfeffern.

5 Den Siebaufsatz auf die Brühe stellen. Die Brühe nochmals aufkochen lassen und Geflügelpäckchen und Gemüse zugedeckt bei mittlerer Hitze 15 Min. dämpfen.

6 Siebaufsatz vom Topf nehmen, aber zugedeckt lassen. Von der Brühe 150 ml abmessen und in einen Topf gießen. Mit Senf und Crème fraîche verrühren, einmal kräftig aufkochen lassen. Die Sauce mit Salz, Pfeffer und Zitronensaft abschmecken, die gehackte Petersilie unterziehen. Dazu Kartoffelpüree oder dunkles Stangenweißbrot reichen.

Weinblätter mit Zitronensauce

● Braucht etwas Zeit
● Für Gäste

Für 2 Personen (als Vorspeise):

12 Weinblätter (siehe Tip)
1 kleine Zwiebel
je 1 EL gehackte Petersilie, Dill und Minze
150 g Hackfleisch vom Kalb
4 EL Schnellkochreis
1 EL kaltgepreßtes Olivenöl
Salz · Pfeffer
2 Eier
3 EL Zitronensaft
1 EL Butter
1 EL Mehl
1/4 l Gemüsebrühe
1 Prise Zucker
ein paar dünne Zitronenscheiben und Dillspitzen zum Garnieren

Zubereitungszeit: 1 Std. 10 Min.

Pro Portion ca.: 1900 kJ/455 kcal
26 g EW/20 g F/41 g KH

1 Wasser aufkochen lassen. Die Weinblätter behutsam voneinander lösen und für 5 Min. ins kochende Wasser geben. Herausheben, kalt abschrecken und zum Abtropfen auf Küchentüchern ausbreiten.

2 Für die Füllung die Zwiebel schälen und sehr fein hacken. Zwiebel, gehackte Kräuter, Hackfleisch, Reis und Öl gründlich miteinander vermischen. Mit Salz und Pfeffer kräftig würzen.

3 Die Eier trennen. Die Eiweiße mit 1 Prise Salz zu steifem Schnee schlagen und unter die Füllung heben.

4 Von den Weinblättern die Stiele entfernen. Jeweils 2 Blätter, mit der glänzenden Seite nach unten, knapp übereinanderlegen. 2 TL Füllung über dem Stielansatz auf jedes Blattpaar setzen. Die Blätter zuerst seitlich über die Füllung schlagen, dann vom Stielansatz her nicht zu eng aufrollen.

5 Die gefüllten Blätter mit den losen Blattenden nach unten nebeneinander in den Dämpfaufsatz legen. 3/8 l Wasser in den Topf füllen, den Aufsatz darauf stellen. Wasser aufkochen lassen und die Weinblätter zugedeckt bei mittlerer Hitze 20 Min. dämpfen.

6 Inzwischen für die Zitronensauce Eigelbe, Zitronensaft, etwas Salz und Pfeffer in einer Schüssel verrühren. Die Butter in einem kleinen

Topf zerlassen, das Mehl
darin unter Rühren an-
schwitzen.

7 Nach und nach mit der
Gemüsebrühe ablöschen
und glattrühren. 4 EL da-
von unter die Ei-Zitro-
nen-Mischung rühren, die
Mischung in den Topf
gießen und alles gut ver-
rühren. Die Sauce unter
Rühren heiß und dicklich
werden lassen, sie darf
aber auf keinen Fall mehr
aufkochen, da sie sonst
gerinnt. Zitronensauce
mit Zucker und Salz ab-
schmecken.

8 Die Weinblätter mit
der Zitronensauce auf
Tellern anrichten, mit
Zitronenscheiben und Dill
garnieren. Dazu Sesam-
fladen oder Baguette
servieren.

TIP!

Weinblätter sind in
vielen Supermärkten zu
haben, abgepackt in
Dosen oder Klarsicht-
folie. Einzeln gibt es sie
in Spezialitätenläden,
mitunter auch im Fein-
kostgeschäft.

**Im Bild vorne: Weinblätter
in Zitronensauce
Im Bild hinten: Hähnchen-
brustfilets im Lauchmantel**

Rotwein-Makrelen

● Gelingt leicht
● Braucht etwas Zeit

Für 4 Personen:

4 küchenfertige Makrelen (je etwa 300 g)
1 Bund Petersilie
1 TL Pfefferkörner
2 Wacholderbeeren
1/4 l Rotwein
1 EL Zucker
2 EL scharfer Senf
1 TL getrockneter Thymian
Salz
2 Zweige Rosmarin
4 Lorbeerblätter
1 TL weiche Butter
1 TL Mehl
100 g Sahne

Zubereitungszeit: 1 Std.

Pro Portion ca.: 1905 kJ/455 kcal
63 g EW/14 g F/7 g KH

1 Die Makrelen innen und außen gründlich waschen und mit Küchenpapier trockentupfen. Die Petersilie waschen, trockenschütteln und die Blättchen von den Stielen zupfen. Pfefferkörner und Wacholderbeeren grob zerdrücken.

2 Rotwein, Zucker, Senf, Pfefferkörner und Wacholderbeeren, Thymian und etwas Salz miteinander verrühren. Die Petersilienstengel grob hacken und in die Weinmarinade geben.

3 In jede Makrele 1 Lorbeerblatt und 1 Stück Rosmarin (1/2 Zweig zurückbehalten) stecken. Die Fische nebeneinander in eine flache Schüssel legen, mit der Marinade begießen und 30 Min. ziehen lassen. Ab und zu wenden und mit der Marinade bepinseln.

4 1 l Salzwasser in einen länglichen Fisch- oder Dämpftopf füllen, Fische im Siebaufsatz auf den Topf setzen. Den restlichen Rosmarin zerzupfen, über die Makrelen streuen. Das Wasser zum Kochen bringen und die Fische zugedeckt bei mittlerer Hitze 15 Min. dämpfen.

5 Die Makrelen vorsichtig aus der Schüssel heben und warm stellen. Den Sud durch ein Sieb in einen kleinen Topf gießen und aufkochen lassen.

6 Die weiche Butter mit dem Mehl verkneten, unter den Sud schlagen. Unter ständigem Rühren noch so viel Sahne hinzufügen, daß eine sämige Sauce entsteht. Petersilienblättchen hacken und unterziehen. Die Sauce mit Salz und Pfeffer abschmecken und zu den Makrelen servieren.

Schellfisch mit Krabben-Wein-Sauce

◐ Gelingt leicht
● Für Gäste

Für 2 Personen:

1 kleine Stange Lauch
2 Tomaten
1 Schalotte
2 Schellfisch-Koteletts aus dem Schwanzstück (je etwa 200 g)
1 EL Zitronensaft
1/2 TL Zucker
Salz · Pfeffer
1 EL Butter
200 ml Fischfond (aus dem Glas, ersatzweise Gemüsebrühe)
150 ml trockener Weißwein
50 g Krabbenfleisch
1 Döschen Safran (0,2 g)
2 EL Crème fraîche

Zubereitungszeit: 30 Min.

Pro Portion ca.: 1805 kJ / 430 kcal
43 g EW / 13 g F / 19 g KH

1 Die Lauchstange putzen, waschen und schräg in 3–4 cm lange Stücke schneiden. Die Tomaten heiß überbrühen, kalt abschrecken, häuten und halbieren. Stielansätze und Kerne entfernen, das Tomatenfleisch in nicht zu kleine Stücke schneiden. Die Schalotte schälen und fein hacken.

2 Die Fischkoteletts kurz waschen und trockentupfen. Mit Zitronensaft beträufeln. Zucker, etwas

Salz und Pfeffer vermischen, den Fisch damit rundherum würzen.

3 Die Butter im Topf aufschäumen lassen, die Schalotte darin hellgelb braten. Mit Fischfond und Weißwein ablöschen.

4 Lauch und Tomaten und den Fisch im Siebaufsatz verteilen, auf den Topf setzen. Die Flüssigkeit aufkochen lassen, Fisch und Gemüse zugedeckt bei mittlerer Hitze 12 Min. garen.

5 Die Krabben in einem Sieb kalt abwaschen und gut abtropfen lassen. Den Siebeinsatz mit dem Fisch vom Topf heben, beiseite stellen, aber zugedeckt lassen.

6 Safran und Crème fraîche in die Dämpfflüssigkeit rühren und unter gelegentlichem Rühren zu einer sämigen Sauce einkochen lassen. Die Krabben hineinrühren. Die Sauce mit Salz und Pfeffer abschmecken.

7 Die Fischkoteletts, das Gemüse und die Krabben-Weißwein-Sauce auf vorgewärmten Tellern anrichten.

Kaninchen mit Paprikaschoten

● Braucht etwas Zeit
● Kalorienarm

Für 2 Personen:

700 g Kaninchenteile, küchenfertig vorbereitet
2 Schalotten (ersatzweise kleine Zwiebeln)
1 Knoblauchzehe
je 1 rote und gelbe Paprikaschote
3 EL Olivenöl
1 TL Anissamen
50 ml trockener Weißwein (ersatzweise Geflügelfond)
100 ml Geflügelfond (aus dem Glas; ersatzweise Hühnerbrühe)
Salz · Pfeffer
2–3 Zweige Rosmarin

Zubereitungszeit: 1 1/4 Std.

Pro Portion ca.: 2060 kJ/490 kcal
47 g EW/25 g F/16 g KH

1 Die Kaninchenteile kurz waschen und gut trockentupfen. Schalotten und Knoblauch schälen, Schalotten vierteln, Knoblauch in dünne Scheiben schneiden. Die Paprikaschoten waschen, putzen und in fingerbreite Streifen schneiden.

2 Das Öl in einer Pfanne erhitzen, das Fleisch darin bei mittlerer Hitze rundherum goldgelb anbraten. Schalotten und Knoblauch nur kurz mitbraten.

3 Die angebratenen Zutaten in eine Gratinform

umfüllen. Anissamen leicht zerdrücken und mit den Paprikastreifen zum Fleisch geben.

4 Den Bratfond in der Pfanne mit Wein und Geflügelfond unter Rühren loskochen, dann durch ein Sieb über das Fleisch gießen. Alles leicht salzen und pfeffern. Die Gratinform in den Siebaufsatz stellen.

5 1/2 l Salzwasser und den Rosmarin in den Topf geben. Den Siebaufsatz darauf setzen, Wasser aufkochen lassen und das Kaninchen zugedeckt bei mittlerer Hitze 50 Min. dämpfen, bis das Fleisch weich ist. Mit Kartoffelpüree oder Sesamfladen servieren.

TIP!

Dieses Gericht schmeckt auch mit Geflügel ganz fein. Dann am besten 4 fleischige Hähnchenkeulen (etwa 750 g) kaufen. Diese im Gelenk in Ober- und Unterkeulen teilen und vor dem Anbraten die Haut abziehen.

Kalbsfilet in italienischem Sud

● Für Gäste
● Gelingt leicht

Für 4 Personen:

1 kleine Stange Lauch
2 Stangen Staudensellerie
4 Möhren
1 große Zwiebel
2 Knoblauchzehen
1 Petersilienwurzel (ersatzweise 5 Stengel Petersilie)
800 ml Kalbsfond (aus dem Glas, ersatzweise 1 l Fleischbrühe)
3 Gewürznelken
1 TL schwarze Pfefferkörner
2 Lorbeerblätter
2 Zweige Thymian
2 Zweige Oregano
2 EL Tomatenmark
Salz · 2 Tomaten
400–500 g Kalbsfilet
2 EL Butter
2 EL kaltgepreßtes Olivenöl
je ein paar Basilikumblättchen und Kräuterblüten zum Garnieren

Zubereitungszeit: 1 Std.

Pro Portion ca.: 1510 kJ/360 kcal
26 g EW/21 g F/19 g KH

1 Lauch, Staudensellerie und Möhren putzen und waschen. Jeweils die Hälfte der Gemüsesorten klein würfeln, die andere Hälfte sowie das zarte Selleriegrün beiseite legen. Zwiebel, Knoblauch und Petersilienwurzel schälen und grob würfeln.

2 Den Kalbsfond mit 200 ml Wasser in den Topf gießen. Gemüsewürfel, Zwiebel, Knoblauch, Petersilienwurzel, Nelken, Pfefferkörner, Lorbeerblätter, Thymian, Oregano, Tomatenmark und 1/2 TL Salz zum Fond geben. Aufkochen und alles zugedeckt 15 Min. köcheln lassen.

3 Inzwischen übrigen Lauch, Sellerie und Möhren in Julienne (in lange streichholzdünne Streifen) schneiden. Die Tomaten heiß überbrühen, kalt abschrecken, häuten und quer halbieren. Stielansätze und Kerne entfernen, das Tomatenfleisch in kleine Würfel schneiden.

4 Das Kalbsfilet kurz kalt abspülen und trockentupfen. In den Siebaufsatz legen und auf den Topf über den Sud stellen. Das Fleisch zugedeckt bei mittlerer Hitze 15–20 Min. dämpfen.

5 Kurz vor Garzeitende in einer Pfanne die Butter zerlassen. Die Gemüsestreifen darin bei schwacher Hitze 3 Min. dünsten. Die Tomatenwürfel unterheben, das Gemüse leicht salzen und pfeffern. Das Kalbsfilet zugedeckt beiseite stellen.

6 Den Sud durch ein feines Sieb in einen anderen Topf gießen, mit Olivenöl, Salz und Pfeffer abschmecken. Das Filet quer zur Faser in dünne Scheiben schneiden.

7 Je ein paar Kalbsfiletscheiben dachziegelartig in einen vorgewärmten tiefen Teller legen und mit heißem Sud übergießen. Die Gemüsestreifen und Tomatenwürfel locker über dem Fleisch verteilen, das Ganze mit Selleriegrün, Basilikumblättchen und Kräuterblüten garnieren. Dazu ofenfrisches Stangenbrot oder nach Belieben auch Knoblauchbrot reichen.

Im Bild vorne: Kalbsfilet in italienischem Sud
Im Bild hinten: Kaninchen mit Paprikaschoten

Den Asiaten haben wir das sanfte Garen im Dampfbad abgeschaut. Wie beliebt es bei ihnen ist, beweist das vielfältige Rezeptrepertoire. Der fernöstliche Wok als Topf und Pfanne in einem ist das Multitalent in der Küche, mit dem Sie nicht nur vorzüglich dämpfen, sondern auch braten, schmoren und fritieren können. Weil asiatische Rezepte bei uns voll im Trend sind, ist auch der Wok aus unserer modernen Küche nicht mehr wegzudenken. In ihm kann man natürlich nicht nur Asiatisches zubereiten, alles, was an gedämpften Gerichten in diesem Buch präsentiert wird, gelingt im Wok ebenso vorzüglich.

Das richtige Zubehör

Um im Wok dämpfen zu können, muß er unbedingt einen gut passenden und fest schließenden Deckel haben. Bei den meisten Woks gehört ein Dämpfeinsatz schon zur Grundausstattung. Das ist ein Gitter aus Holz, Bambus oder gelochtem Metall, das etwas 3 cm über dem Wokboden hängt. Sie können aber auch einen flexiblen Siebeinsatz aus Metall verwenden (Seite 4/5), der sich durch seine verschiebbaren Lamellen allen Wokgrößen anpaßt. Praktisch sind die Dämpfkörbe aus Bambus, die es in verschiedenen Größen gibt, und die auf Seite 40/41 näher beschrieben werden. Wenn Sie keine speziellen Dämpfeinsätze haben, machen Sie es wie die Asiaten: Legen Sie entweder vier Eßstäbchen über Kreuz in den Wok oder stellen Sie ein bis zwei hitzebeständige Tassen hinein, auf die Sie die Zutaten setzen.

Dämpfen im Wok

Zwei Garmethoden

In der asiatischen Küche dämpft man nach zweierlei Methoden. Beim Trocken-Dämpfen liegen die Zutaten direkt auf dem Dämpfeinsatz, dessen Öffnungen den aufsteigenden Dampf sofort mit dem Gargut in Kontakt bringen. Der heiße Dampf schlägt sich auf den Speisen nieder und tropft wieder ab. Beim Naß-Dämpfen werden die Zutaten auf Teller, flache Platten oder in kleine Schüsseln gelegt und darin auf den Siebeinsatz gestellt, sie garen in der sich sammelnden Flüssigkeit. Teller oder Platte werden zuvor mit etwas Sesamöl eingepinselt – nicht nur wegen seines Dufts, das Öl verhindert auch, daß die Zutaten beim Garen festkleben. Zwischen Teller oder Platte und Wokwand muß noch so viel Zwischenraum sein, daß genügend Dampf zirkulieren kann. Die Methode des Naß-Dämpfens eignet sich besonders für Gerichte, die speziell gewürzt oder mariniert sind und mit oder in dem entstandenen Sud serviert werden sollen.

Marinade zum Naß-Dämpfen (Grundrezept)

Sie können diese Marinade für 400–500 g Fisch, Fleisch oder Geflügel verwenden:
1 EL helle Sojasauce mit 1 EL Reiswein oder trockenem Sherry, 1 TL Sesamöl und 2 EL neutralem Pflanzenöl verrühren. 1 TL feingehackten Ingwer und nach Belieben 1 TL feingehackten Knoblauch einrühren. Das Ganze mit Salz und Pfeffer würzen. Fisch, Fleisch oder Geflügel in Portionsstücken, Würfeln oder Scheiben in der Marinade wenden, zugedeckt 1–2 Std. im Kühlschrank marinieren. Anschließend auf einem Teller verteilen und dämpfen.

Asiatisch gewürzt

Einige Rezepte der nächsten beiden Kapitel werden mit typischen asiatischen Lebensmitteln zubereitet. Diese finden Sie in den entsprechenden Abteilungen der Supermärkte oder in Asienläden. Hier die wichtigsten Würzen; Informationen über asiatische Kräuter und Gewürze finden Sie auf Seite 40/41.
Chilisauce gibt es in verschiedenen Schärfen zum Würzen oder Dippen. Currypasten sind die Basis vieler Thai-Gerichte. Es gibt sie als Fertigprodukt in Asienläden zu kaufen. Im Kühlschrank halten sie sich mehrere Monate.
Hoisinsauce ist dick und schmeckt süßlich. Man nimmt sie als Marinade oder zum Dippen.
Ketjap manis kommt aus Indonesien, die Sauce ist dunkel und leicht süßlich.
Fischsauce ist ein dünnflüssiger Extrakt aus fermentiertem Fisch mit intensivem Duft und einem hohen Salzgehalt.
Sesamöl als aromatische Würze wird meist nur tropfen- oder teelöffelweise verwendet.
Sojasauce gilt in Asien als die wichtigste Würze. Es gibt sie in verschiedenen Geschmacksrichtungen, die hellen sind dünner und milder als die dunklen Sorten.

Trocken-Dämpfen (links) und Naß-Dämpfen (rechts) sind zwei asiatische Garmethoden, die oben im Text näher beschrieben werden.

So geht's auch

Sämtliche Rezepte dieses Kapitels gelingen ebensogut im flexiblen Siebeinsatz, im Stapeltopf oder im Bambuskorb. Beim elektrischen Dampfgarer beachten Sie bitte, daß in das Bodengefäß keine Gewürze oder andere Flüssigkeiten als Wasser gegeben werden dürfen.

Süß-saures Gemüse

● Vegetarisch
● Kalorienarm

Für 4 Personen:

100 ml Gemüsebrühe
3–4 EL Essig
2–3 EL Honig (oder Zucker)
4–5 EL helle Sojasauce
1 EL Tomatenketchup
1–2 Knoblauchzehen
2 TL Speisestärke
Salz
je 1 grüne und gelbe Paprikaschote (je etwa 200 g)
4 Tomaten
250 g Ananas
3 Schalotten
100 g frische Bohnensprossen

Zubereitungszeit: 50 Min.

Pro Portion ca.: 735 kJ/175 kcal
5 g EW/1 g F/42 g KH

1 In einem kleinen Topf Gemüsebrühe, 3 EL Essig, 2 EL Honig, 2 EL Sojasauce und Tomatenketchup verrühren. Den Knoblauch schälen und durch eine Presse dazudrücken.

2 Alles aufkochen lassen. Die Stärke mit etwas kaltem Wasser glattrühren, in den Sud gießen und noch einmal kurz aufwallen lassen. Mit restlichem Essig, Honig, etwas Sojasauce und Salz kräftig süß-sauer abschmecken.

3 Die Paprikaschoten vierteln, putzen, waschen und in nicht zu kleine Stücke schneiden. Die Tomaten überbrühen, abschrecken, häuten und halbieren. Stielansätze und Kerne entfernen, das Tomatenfleisch würfeln.

4 Ananas schälen und würfeln. Schalotten schälen und vierteln. Die Bohnensprossen waschen, abtropfen lassen. Den Sud in eine Gratinform umfüllen. Gemüse, Ananas, Schalotten und Sprossen hineingeben und vermengen.

5 Einen Wok 3 cm hoch mit Wasser und 2 EL Sojasauce füllen. Den Dämpfeinsatz in den Wok stellen, darauf die Form setzen. Flüssigkeit aufkochen lassen und das Gemüse zugedeckt bei mittlerer Hitze in 5 Min. bißfest dämpfen.

6 Das Gemüse im Sud nochmals wenden und sofort mit Basmati- oder Duftreis servieren. Dazu schmecken besonders gut Scheiben von kroß gebratener Entenbrust.

Grünes Gemüse mit Erdnußcreme

● Fernöstlich
● Preiswert

Für 4 Personen:

900 g gemischtes Gemüse
(z. B. grüner Spargel,
Frühlingszwiebeln,
Staudensellerie, Zucchini,
Bohnen, Zuckerschoten)

2 TL Sesamöl

1 Limette (ersatzweise
1 unbehandelte Zitrone)

Salz

100 g Erdnußcreme (aus
dem Glas)

2 TL Currypulver

200 ml Gemüsebrühe

1 Knoblauchzehe

3 EL geröstete ungesalzene
Erdnüsse

2 EL Joghurt

Cayennepfeffer

Zubereitungszeit: 40 Min.

Pro Portion ca.: 1125 kJ/270 kcal
12 g EW/18 g F/20 g KH

1 Die Gemüse waschen
und putzen. Vom Spargel
nur das untere Drittel
schälen. Spargel, Früh-
lingszwiebeln und Stau-
densellerie in bohnen-
lange Stücke teilen.
Zucchini in bohnenlange
und spargeldicke Stifte
schneiden. Bohnen und
Zuckerschoten ganz
lassen.

2 Das Gemüse in einer
flachen Schüssel anrich-
ten und mit Sesamöl be-
träufeln. Die Limette heiß
abspülen, die Haut dünn
abschälen und den Saft
von 1 Hälfte auspressen.

3 Einen Wok mit 3/8 l
Wasser füllen, 1/2 TL Salz
und die Limettenschale
hinzufügen. Die Schüssel
auf dem Dämpfeinsatz
hineinstellen. Wasser
aufkochen lassen und das
Gemüse zugedeckt bei
mittlerer Hitze in 15 Min.
knackig dämpfen.

4 Inzwischen für die
Sauce in einem Topf
Erdnußcreme, Currypul-
ver und Brühe vermi-
schen. Den Knoblauch
schälen und dazudrücken.
Alles unter Rühren auf-
kochen und kurz sämig
einköcheln lassen.

5 Die Erdnüsse grob
hacken. Gemüse leicht
salzen und mit den
Nüssen bestreuen. Die
Sauce vom Herd nehmen,
den Joghurt unterziehen,
mit Limettensaft, Salz
und etwas Cayenne-
pfeffer abschmecken.
Getrennt zum Gemüse
servieren. Dazu schmeckt
Reis, auch Stangen- oder
Fladenbrot.

Garnelen-Wan-Tans

● Fernöstlich
● Für Gäste

Für 4 Personen (als Vorspeise):

20 tiefgekühlte Wan-Tan-Blätter (8–10 cm Länge)
200 g rohes ausgelöstes Garnelenfleisch (frisch oder tiefgekühlt)
50 g fetter grüner Speck
50 g Bambussprossen (aus der Dose)
1 Frühlingszwiebel
1 Stück frischer Ingwer (etwa 2 cm)
1 TL Speisestärke
2 TL Sesamöl
1 Prise Zucker
Salz · Pfeffer

Zubereitungszeit: 40 Min.

Pro Portion ca.: 1805 kJ/430 kcal
16 g EW/17 g F/52 g KH

1 Die Wan-Tan-Blätter und gegebenenfalls das Garnelenfleisch auftauen lassen. Garnelenfleisch, Speck und Bambussprossen fein hacken. Die Frühlingszwiebel putzen und fein hacken. Den Ingwer schälen und fein reiben.

2 Alle gehackten Zutaten und den Ingwer vermischen. Die Stärke und 1 TL Sesamöl unterrühren, die Masse mit Zucker, Salz und Pfeffer würzen.

3 In die Mitte jedes Wan-Tan-Blattes 1 TL Füllung setzen. Den Teig mit der Füllung zwischen Daumen und Zeigefinger halten, von beiden Seiten hochschlagen und so zusammendrücken, daß ein Säckchen entsteht, wobei in der Mitte noch etwas Füllung zu sehen sein sollte.

4 Den Wok 3–5 cm hoch mit Wasser füllen. Den Dämpfeinsatz mit etwas Öl einpinseln, in den Wok legen. Die Wan-Tans so hineinsetzen, daß sie sich nicht berühren. Mit dem übrigen Sesamöl bepinseln. Das Wasser zum Kochen bringen und die Wan-Tans zugedeckt bei mittlerer Hitze 10 Min. dämpfen. Dazu eine fertig gekaufte Chilisauce servieren.

VARIANTE

Die Wan-Tans können Sie auch in einer klaren, leicht köchelnden Hühnerbrühe mit etwas feingeschnittenem Gemüse gar ziehen lassen und als Suppe servieren.

TIP!

Besonders dekorativ sehen die Wan-Tans aus, wenn Sie sie mit Schnittlauchhalmen zubinden.

Thailändische Fischmousse

● Für Gäste
● Braucht etwas Zeit

Für 4 Personen (als Vorspeise):

3 Kaffir-Zitronenblätter (Asienladen)
1/2 rote Paprikaschote
500 g Fischfilet (z. B. Rotbarsch, Kabeljau oder Seelachs)
400 ml ungesüßte Kokosmilch (aus der Dose)
1 EL rote Currypaste
2 Eier
2 EL Fischsauce (ersatzweise helle Sojasauce)
Salz · Pfeffer
1 Prise Zucker
1/2 TL Speisestärke
2 große Bananenblätter (Asienladen) für die Förmchen
Zahnstocher zum Feststecken

Zubereitungszeit: 1 1/4 Std.

Pro Portion ca.: 1640 kJ/390 kcal
27 g EW/26 g F/9 g KH

1 Für die Bananenblatt-Förmchen die Bananenblätter feucht abwischen. Daraus 8 Kreise mit einem Durchmesser von 13 cm schneiden. Die Kreise vom Rand zur Mitte hin viermal etwa 5 cm weit einschneiden. Die eingeschnittenen Kanten anheben, seitlich etwas überlappen lassen und mit Zahnstochern feststecken, so daß Förmchen entstehen. Oder andere Formen verwenden (siehe Tip).

2 Für die Mousse die Zitronenblätter waschen und abtrocknen. Blätter längs, mit der glänzenden Seite nach innen, zusammenfalten, den Stielansatz nach unten abziehen. Die Blatthälften übereinanderlegen und in nadelfeine Streifen schneiden. Die Paprikaschote halbieren und putzen, 1 Viertel in sehr feine Streifen schneiden, den Rest klein würfeln.

3 Das Fischfilet abspülen und trockentupfen, etwa 200 g davon abschneiden und fein pürieren, den übrigen Fisch in kleine Würfel schneiden.

4 Von der Kokosmilch vom dicken Teil, der oben schwimmt, 3 EL abnehmen und beiseite stellen. Den Rest mit dem Fischpüree, der Currypaste, den Eiern und der Fischsauce gründlich verrühren. Mit Salz, Pfeffer und Zucker würzen. Die Fischwürfel, die Paprikawürfel und die Hälfte der Zitronenblätter unterheben.

5 3/8 l Wasser in den Wok füllen und den Dämpfeinsatz hineinstellen. Fischmousse in die Bananenblatt-Förm-

chen verteilen und nebeneinander in den Wok setzen. Das Wasser aufkochen lassen, die Mousse zugedeckt bei schwacher Hitze (das Wasser soll nur leicht köcheln) 25-30 Min. dämpfen, bis die Masse fest ist.

6 In der Zwischenzeit die restlichen 3 EL Kokosmilch mit 3 EL Wasser und der Speisestärke in einem kleinen Topf glattrühren und unter Rühren einmal kräftig aufkochen lassen.

7 Die angedickte Kokosmilch vor dem Servieren über die fertige Fischmousse löffeln und mit den übrigen Zitronenblätter- und Paprikastreifen bestreuen.

TIP!

Sie können die Fischmousse auch in feuerfeste Portionsförmchen oder Tassen füllen und darin dämpfen.

Im Bild vorne: Garnelen-Wan-Tans
Im Bild hinten: Thailändische Fischmousse

Forelle mit Streifengemüse

● Kalorienarm
Fernöstlich

Für 4 Personen:

2 küchenfertige Forellen
(je etwa 600 g)
Salz
2 EL Öl
1 Stück frischer Ingwer
(etwa 3 cm)
1 Möhre
1 Stange Staudensellerie
150 g Lauch
2 EL Reiswein (oder
trockener Sherry) nach
Belieben
4 EL helle Sojasauce
1–2 TL Chiliöl (ersatzweise
1 Msp. Cayennepfeffer
und 1–2 TL ÖL)
1 TL Zucker
ein paar Koriander- oder
Petersilienblättchen
4 Limettenscheiben

Zubereitungszeit: 45 Min.

Pro Portion ca.: 1835 kJ/440 kcal
49 g EW/21 g F/10 g KH

1 Die Forellen innen und außen waschen, trockentupfen und auf beiden Seiten zweimal diagonal etwa 1/2 cm tief einschneiden. Außen und innen leicht salzen. Forellen in eine leicht eingeölte Gratinform legen.

2 Ingwer, Möhre, Sellerie und Lauch putzen, waschen und in streichholzfeine Streifen schneiden. Restliches Öl, Reiswein, Sojasauce und Chiliöl miteinander vermischen.

Die Forellen damit innen und außen einpinseln. Den Zucker oben auf die Fische streuen. Ingwer, Möhre, Sellerie und Lauch darüber verteilen.

3 Den Wok 5 cm hoch mit Wasser füllen. Die Gratinform auf einen Dämpfeinsatz hineinstellen. Das Wasser zugedeckt aufkochen lassen und die Forellen bei mittlerer Hitze 15 Min. dämpfen. Vor dem Servieren mit Kräuterblättchen und Limettenscheiben garnieren. Dazu paßt Langkornreis.

VARIANTE

Statt Forelle können Sie auch andere Portionsfische auf diese Art zubereiten: z. B. Renken, Makrelen, Saiblinge, aber auch kleine Goldbrassen oder Sardellen. Beim Gemüse können Sie je nach Jahreszeit und Angebot Ihrer Phantasie freien Lauf lassen, man muß es nur in streichholzfeine Streifen schneiden können.

Riesenchampignons mit Garnelen-Hack-Füllung

● Für Gäste
● Kalorienarm

Für 4 Personen (als Vorspeise):

100 g rohes ausgelöstes Garnelenfleisch (frisch oder tiefgekühlt)
8–12 Riesenchampignons (etwa 600 g)
Salz
100 g Schweinehackfleisch
2 Frühlingszwiebeln
1 Knoblauchzehe
4 Stengel Koriandergrün (ersatzweise Petersilie)
1/2 TL gemahlener Ingwer
1/2 TL Speisestärke
3 TL Sesamöl
3 EL helle Sojasauce
1 TL neutrales Öl
1 Prise Zucker · Pfeffer

Zubereitungszeit: 1 Std. (ohne Auftauzeit)

Pro Portion ca.: 730 kJ/175 kcal
14 g EW/8 g F/14 g KH

1 Die Garnelen gegebenenfalls auftauen lassen. Die Champignons abreiben. Die Stiele vorsichtig herausdrehen, so daß die Hüte nicht verletzt werden. Pilze innen leicht salzen.

2 Das Hackfleisch in eine Schüssel geben. Die Frühlingszwiebeln putzen, die Garnelen waschen, den Knoblauch schälen. Alles mit 4 Pilzstielen möglichst fein hacken und zum Fleisch geben.

3 Koriander waschen, die Blättchen abzupfen, hacken und zur Hälfte in die Schüssel geben.

4 Ingwer, Speisestärke, 1 TL Sesamöl, 1 EL Sojasauce, neutrales Öl, Zukker, Pfeffer und 1 Prise Salz zum Fleisch geben und alles gründlich zu einer homogenen Masse vermischen.

5 Die Füllung in die Pilzköpfe verteilen und etwas andrücken. Pilze nebeneinander auf einen Teller oder in eine flache Form setzen (eventuell in 2 Portionen dämpfen). Die restlichen 2 TL Sesamöl mit übriger Sojasauce verrühren, über die Pilze träufeln.

6 Einen Wok 3 cm hoch mit Wasser füllen. Den Dämpfeinsatz hinein- und den Teller darauf stellen, Wasser aufkochen lassen und die Pilze zugedeckt bei mittlerer Hitze 8 Min. dämpfen.

7 Die gefüllten Pilze auf Teller verteilen, die entstandene Flüssigkeit darüber löffeln. Mit Koriandergrün und Paprikawürfelchen nach Belieben bestreuen.

Entenbrust auf asiatische Art

● Gelingt leicht
● Für Gäste

Für 4 Personen:

2 Entenbrustfilets
(je etwa 250 g)
2 Möhren
4 Frühlingszwiebeln
1–2 kleine rote Chili-
schoten
150 g Bambussprossen
(aus der Dose)
3 EL Öl
Salz · Pfeffer
4 EL helle Sojasauce
1 TL Sesamöl
2 EL Reiswein (oder
trockener Sherry) nach
Belieben
3 EL Hühnerbrühe

Zubereitungszeit: 40 Min.

Pro Portion ca.: 1215 kJ/290 kcal
26 g EW/15 g F/12 g KH

1 Von den Entenbrust-
filets die Haut entfernen,
das Fleisch in dünne
Scheiben schneiden.
Möhren schälen und
schräg in dünne Scheiben
schneiden. Frühlings-
zwiebeln und Chilischo-
ten putzen, Zwiebeln in
5 cm lange Stücke, Chili-
schoten in feine Ringe,
Bambussprossen in
streichholzfeine Streifen
schneiden.

2 Das Öl im Wok erhitzen. Die Möhren darin
1 Min. unter Rühren an-
braten, restliches Gemüse

kurz mitbraten. Dann
herausnehmen, leicht
salzen und pfeffern. Die
Entenbrustscheiben im
verbliebenen Bratfett bei
starker Hitze von beiden
Seiten nur ganz kurz
anbraten, herausheben.

3 Alle angebratenen
Zutaten in einer Gratin-
form dekorativ anrichten.
Sojasauce, Sesamöl, Reis-
wein und Hühnerbrühe
miteinander vermischen
und darüber träufeln.

4 Den Wok 5 cm hoch
mit Wasser füllen. Die
Gratinform auf einem
Dämpfeinsatz hineinstel-
len. Den Deckel auflegen
und das Wasser aufko-
chen lassen. Die Enten-
brustscheiben und das
Gemüse bei mittlerer
Hitze 10 Min. garen. Als
Beilage Patna- oder Kleb-
reis servieren.

> **TIP!**
>
> Nach Belieben können
> Sie 1–2 EL fermentierte,
> schwarze Bohnen (aus
> der Dose) mitdämpfen.

Koreanisches Rindfleisch

● Braucht etwas Zeit
● Kalorienarm

»Bulgogi«, eine der be-
liebtesten Spezialitäten
der koreanischen Küche,
stand Pate bei diesem
Gericht. Dort werden die
Fleischscheiben mitsamt
der Marinade nur kurz in
einer Spezialpfanne ge-
braten, wobei sie wie
beim Dämpfen nicht
braun werden.

Für 4 Personen:

400 g marmoriertes
Rinderfilet (ohne Haut,
Fett und Sehnen)
Für die Marinade:
1 Frühlingszwiebel
1 Knoblauchzehe
1 Stück frischer Ingwer
(etwa 2 cm)
3 EL helle Sojasauce
2 EL Sesamöl
1 EL geschälte, geröstete
Sesamsamen
1/4 TL frisch gemahlener
schwarzer Pfeffer
4 TL Ahornsirup (oder
Honig)
Für den Dip:
1 Stück Frühlingszwiebel
1/2 Knoblauchzehe
30 ml helle Sojasauce
2 EL Reiswein (oder milder
Weinessig)
1 TL Chilisauce (Fertigprodukt)
1 TL Sesamöl

Gefrierzeit: 1 Std.
Zubereitungszeit: 45 Min.
Marinierzeit: 4 Std.

Pro Portion ca.: 1720 kJ/410 kcal
21 g EW/31 g F/7 g KH

1 Das Rinderfilet in etwa
3 cm breite Stücke schneiden, in Frischhaltefolie
wickeln und im Tiefkühl-
fach 1 Std. anfrieren
lassen. Anschließend
in gleichmäßig dünne
Scheiben von 2–3 mm
schneiden.

2 Für die Marinade die
Frühlingszwiebel putzen
und schräg in hauch-
dünne Ringe schneiden.
Knoblauch und Ingwer
schälen, beides durch die
Knoblauchpresse drücken.
Mit der Zwiebel vermen-
gen und mit den übrigen
Zutaten für die Marinade
vermischen.

3 Fleischscheiben mit
der Marinade gründlich
vermengen, in eine
Gratinform füllen und
zugedeckt mindestens
4 Std., besser aber über
Nacht, ziehen lassen.

4 Für den Dip die Frühlingszwiebel waschen,
putzen und fein hacken.
Knoblauch schälen und
durch eine Presse drük-
ken. Mit allen übrigen
Zutaten und 2–3 EL Was-
ser verrühren und in vier
Schälchen verteilen.

5 1/2 l Wasser in den
Wok gießen. Die Gratin-
form auf einen Dämpf-

einsatz in den Wok stellen. Den Deckel auflegen, das Wasser aufkochen lassen und das Rindfleisch bei mittlerer Hitze 5–6 Min. garen.

6 Das Fleisch in der Gratinform servieren. Am Tisch die Scheiben in den Dip tunken und mit Duftreis genießen.

TIP!

Dazu schmeckt gut ein Gurkengemüse. Dafür 1/4 Salatgurke waschen und in dünne Scheiben schneiden. Mit 2 TL Salz vermischen, 10 Min. stehenlassen. Dann kalt abspülen und gut trokkentupfen. 1 EL Sesamöl erhitzen, die Gurkenscheiben bei mittlerer Hitze darin nur ganz kurz anbraten, damit sie knackig bleiben. 1 EL helle Sojasauce, 1 EL Reis- oder Weißweinessig und 1/2 TL Zucker daruntermischen. Mit 1 EL geschälten, gerösteten Sesamsamen bestreuen. Das Gurkengemüse warm oder kalt servieren.

Im Bild vorne: Entenbrust auf asiatische Art
Im Bild hinten: Koreanisches Rindfleisch

Kasseler mit Gemüse-Sherry-Marinade

● Braucht etwas Zeit
● Gelingt leicht

Für 4 Personen:

Für das Kasseler:
1 EL grobkörniger Dijon-Senf
2 TL Honig
750 g rohes, geräuchertes Kasseler ohne Knochen
Für die Marinade:
1 EL Aceto Balsamico (Balsamessig)
1 EL Sherry-Essig
2 EL Sherry
je 1 EL Zitronen- und Orangensaft
Salz · Pfeffer
1 Prise Zucker
3 EL Sonnenblumenöl
1/2 TL frisch geriebener Ingwer (oder 1/4 TL Ingwerpulver)
2 Tomaten
3 Frühlingszwiebeln
Öl für den Einsatz

Zubereitungszeit: 40 Min.
Marinierzeit: 2–3 Std.

Pro Portion ca.: 1365 kJ/325 kcal
33 g EW/15 g F/13 g KH

1 Für das Kasseler Senf und Honig gut miteinander verrühren, das Fleisch damit einreiben.

2 Wok mit 3/8 l Wasser füllen. Den Dämpfeinsatz einölen und hineinstellen. Das Kasseler in den Einsatz legen, das Wasser zum Kochen bringen und das Fleisch zugedeckt bei mittlerer Hitze in 15–20 Min. garen.

3 In der Zwischenzeit für die Marinade beide Essigsorten, Sherry, Zitronen- und Orangensaft miteinander verrühren. Mit Salz, Pfeffer und Zucker würzen. Das Öl kräftig darunterschlagen. Mit Ingwer abschmecken.

4 Vom fertigen Kasseler die Fettschicht entfernen, das Fleisch noch warm in 1/2 cm dicke Scheiben schneiden, mit der Marinade bespinseln und in eine flache Schüssel legen. Kasseler abdecken und mindestens 2–3 Std. im Kühlschrank marinieren.

5 30 Min. vor dem Servieren das Fleisch aus dem Kühlschrank nehmen, damit sich die Aromen bei Zimmertemperatur entfalten können.

6 Die Tomaten heiß überbrühen, kalt abschrecken, häuten und halbieren. Stielansätze und Kerne entfernen. Das Tomatenfleisch klein würfeln. Frühlingszwiebeln putzen, waschen und in feine Scheiben schneiden. Über das Fleisch streuen. Zum Kasseler Sesamkringel oder -fladen reichen.

Schweinefleischröllchen

● Kalorienarm
● Fernöstlich

Für 4 Personen:

8 dünne Scheiben Schweinefleisch aus der Keule (je etwa 75 g)
5 EL helle Sojasauce
2 EL Sherry (ersatzweise Gemüsebrühe)
1 EL Sesamöl (ersatzweise neutrales Öl)
Salz
1 Prise Zucker · Pfeffer
2 kleine Möhren
2 Stangen Staudensellerie
2 EL Öl
1/4 TL Koriander
2 EL Chilisauce (Fertigprodukt)
400 ml Fleischbrühe
2 Lorbeerblätter
1 EL Schnittlauchröllchen
Holzspießchen zum Feststecken

Zubereitungszeit: 45 Min.
Marinierzeit: 1 Std.

Pro Portion ca.: 1190 kJ/285 kcal
34 g EW/12 g F/8 g KH

1 Die Fleischscheiben nur kurz kalt waschen und gut trockentupfen. Anschließend zwischen Klarsichtfolie legen und mit einem breiten Messerrücken behutsam glattstreichen (nicht klopfen).

2 Für die Marinade 4 EL Sojasauce, 1 EL Sherry, Sesamöl, Salz, Zucker und etwas Pfeffer verrühren. Das Fleisch damit beidseitig bestreichen und abgedeckt 1 Std. im Kühlschrank marinieren.

3 Möhren und Sellerie putzen und waschen. Sellerie und 1 Möhre in schmale, etwa 6 cm lange Streifen schneiden. Die zweite Möhre würfeln.

4 Für die Füllung in einer Pfanne das Öl erhitzen. Die Gemüsestreifen darin bei mittlerer Hitze 2 Min. braten. Herausheben und mit Koriander, Salz und Pfeffer würzen.

5 Die Fleischscheiben abtropfen lassen, auf eine Arbeitsfläche legen und mit der Chilisauce bepinseln. Die Gemüsefüllung auf dem Fleisch verteilen, Fleisch zu Rouladen einrollen und mit Holzspießchen feststecken.

6 Die Rouladen in eine Gratinform legen und mit der übrigen Marinade beträufeln.

7 In den Wok die Fleischbrühe, die Lorbeerblätter und die Möhrenwürfel füllen. Den Dämpfeinsatz hineinstellen, darauf die Form setzen. Die Brühe aufkochen lassen, die Röllchen zugedeckt bei mittlerer Hitze 12–15 Min. dämpfen.

8 Die fertigen Schweine-
röllchen in der Mitte
schräg durchschneiden
und auf vorgewärmten
Tellern anrichten.

9 Die Lorbeerblätter aus
der Brühe nehmen und
wegwerfen. Den Schnitt-
lauch einrühren und die
Brühe mit restlicher Sojasauce, übrigem Sherry
und Pfeffer abschmecken,
über die Schweineröll-
chen löffeln. Als Beilage
passen gut chinesische
Eiernudeln in Spaghetti-
form oder auch euro-
päische Spaghetti oder
schmale Bandnudeln.

TIP!

Beim Füllen der Röllchen
kommt es auf den richti-
gen Dreh an: Jeweils ein
Viertel der Füllung so auf
den Fleischscheiben ver-
teilen, daß an einem
Ende etwa ein Drittel des
Fleischs und rundherum
1 cm Rand frei bleiben.
Von der belegten Seite
her eng einrollen, dabei
die Röllchen seitlich und
von oben mit den Fin-
gern zusammendrücken.
Zum Schluß zustecken
oder umwickeln.

**Im Bild vorne:
Schweinefleischröllchen
Im Bild hinten: Kasseler
mit Gemüse-Sherry-
Marinade**

Stilecht asiatisch oder auch klassisch international können Sie im chinesischen Bambuskorb dämpfen. Den dekorativen Korb (Siebeinsatz und dazugehöriger Deckel) gibt es in verschiedenen Größen im Asienladen, in Spezialabteilungen der Warenhäuser oder im gut sortierten Haushaltswarengeschäft.

Der Umgang mit dem Korb

Meist lassen sich mehrere Körbe übereinanderstapeln, so daß in verschiedenen Etagen gleichzeitig eine größere Menge eines Rezepts oder sogar ganz unterschiedliche Gerichte gegart werden können. Da der Korb direkt in einen Topf oder Wok über die Flüssigkeit gesetzt wird, sollte sein Durchmesser kleiner sein als der von Topf oder Wok. Ganz kleine Körbe stellt man am besten auf ein Gitter hinein. Beim Dämpfen im Bambuskorb werden die Zutaten, wie auch beim Dämpfen im Wok, nach den Garmethoden Trocken-Dämpfen oder Naß-Dämpfen (Seite 28/ 29) vorbereitet. Entweder legt man sie direkt in den Siebeinsatz oder zuerst auf einen Teller und stellt sie dann in den Einsatz. Der Dampf entweicht hier durch den porösen Korbdeckel und tropft nicht auf das Gargut zurück. Dies ist vor allem vorteilhaft bei empfindlichen Teigtäschchen und Fleischbällchen. Wenn nicht anders angegeben, wird in den folgenden Rezepten nur der Korbdeckel aufgelegt, der Topf oder Wok bleibt beim Dämpfen offen.

Dämpfen im Bambus- korb

Damit nichts anklebt

Besonders Fisch, Fleisch-
und Geflügelstücke,
Fleischbällchen und
Teigtaschen kleben wäh-
rend des Dämpfens leicht
am Siebeinsatz oder Teller
fest. Das läßt sich ver-
hindern, wenn Sie den
Boden des Bambuskorb-
Siebeinsatzes locker mit
ein paar breiten Streifen
Salat- oder Gemüseblät-
tern auslegen, beispiels-
weise von Chinakohl oder
Spinat. Oder Sie legen
zwischen Siebeinsatz und
Gargut eine angefeuch-
tete Stoffserviette. Teller,
Platten und Siebeinsätze
aus Metall (auch beim
Stapeltopf) am besten
mit etwas Öl einpinseln.
Das kann geschmacks-
neutrales Öl sein oder
Sesamöl, das zusätzlich
ein wunderbares Aroma
verströmt.

**Typische Kräuter und
Gewürze**

Neben den wichtigsten
Würzen (Seite 29) ver-
leihen auch Kräuter und
Gewürze den asiatischen
Gerichten ihr so einzig-
artiges Aroma.
Chilischoten haben stets
eine feurige Schärfe, die
frischen ebenso wie die
getrockneten. Hier gilt:

Garzeiten

Die angegebenen Dämpfzeiten gelten als Richtwerte
und können nach persönlichem Geschmack variiert
werden.

Dampfgut	Dämpfzeit
Frisches Gemüse	
Blumenkohl, in Röschen:	8–12 Min.
Broccoli, in Röschen:	7–10 Min.
Kohlrabi, gewürfelt:	12–15 Min.
Möhren, in Scheiben:	12–15 Min.
Kartoffeln, ganz:	35–40 Min.
Kartoffeln, gewürfelt:	12–15 Min.
rote Bete, ganz:	45–50 Min.
Spargel, weiß :	12–15 Min.
Spargel, grün:	8–11 Min.
Fisch und Meeresfrüchte	
Portionsfische (250–350 g):	10–12 Min.
mittelgroße Fische (350–600 g):	12–18 Min.
Fischfilet, (2–3 cm hoch):	3–6 Min.
Fischkoteletts, (200 g):	10–12 Min.
Fischröllchen:	3–5 Min.
Garnelen:	6–8 Min.
Fleisch und Geflügel	
Hackfleischbällchen:	10–12 Min.
Hähnchenbrustfilet (200 g):	14–16 Min.
Hähnchenkeulen (400 g):	40–45 Min.

je kleiner die Exemplare,
desto schärfer sind sie.
Ingwer ist eine Wurzel-
knolle mit kräftigem Aro-
ma und leichter Schärfe.
Sie ist frisch, wenn sie
eine pralle und glatte
Schale hat.
Kardamom wächst in
Südindien. Der Samen

würzt sowohl Herzhaftes
als auch Süßes.
Koriandergrün hat einen
unverwechselbaren Ge-
schmack. Das aromatische
Küchenkraut bekommen
Sie auf jeden Fall im
Asienladen.
Limette gehört zu einer in
Asien üblichen Zitrusart.

Sie ist kleiner als die uns
vertrauten Zitronen, hat
eine dünne, stets unbe-
handelte Schale und ein
saftiges Fruchtfleisch.
Zitronenblätter stammen
vom Kaffir-Zitronen-
baum, sind tiefgrün glän-
zend und von frischem
Aroma.
Zitronengras ist eine
schilfartige Pflanze, von
der zum Essen nur der
untere helle und verdick-
te Teil geeignet ist.

So geht's auch

Sämtliche Rezepte dieses
Kapitels gelingen Ihnen
ebensogut im flexiblen
Siebeinsatz, im Stapeltopf
oder im Wok.
Falls Sie ein Gericht im
elektrischen Dampfgarer
zubereiten wollen, beach-
ten Sie bitte, daß in das
Bodengefäß keine Ge-
würze oder andere Flüs-
sigkeiten als Wasser ge-
geben werden dürfen.

Miesmuscheln in Kokos-Wein-Sauce

● Kalorienarm
● Fernöstlich

Für 4 Personen (als Vorspeise):

1 kg Miesmuscheln
1 große rote Chilischote
4 Schalotten
2 Knoblauchzehen
1 Stengel Zitronengras (Gemüse- oder Asienladen)
1 Limette (oder unbehandelte Zitrone)
200 ml Weißwein
1 Stück frischer Ingwer (etwa 2 cm)
1 EL Butter
1 EL Speisestärke
400 ml ungesüßte Kokosmilch (aus der Dose)
Salz · Pfeffer

Zubereitungszeit: 35 Min.

Pro Portion ca.: 1815 kJ/435 kcal
18 g EW/30 g F/19 g KH

1 Die Muscheln unter fließendem Wasser gründlich abbürsten. Eventuell vorhandene Bärte entfernen. Muscheln abtropfen lassen, offene Exemplare aussortieren und wegwerfen (sie sind ungenießbar).

2 Chilischote, 2 Schalotten, Knoblauch und das Zitronengras putzen und in dünne Ringe schneiden, Chiliringe entkernen. Limette heiß abwaschen, in dünne Scheiben schneiden. Alles mit den Mu-

scheln vermengen und in den Dämpfkorb füllen.

3 Wein mit 50 ml Wasser in einen Topf oder Wok füllen, den Bambuskorb obenauf stellen. Den Sud aufkochen lassen und die Muscheln zugedeckt bei mittlerer Hitze 10–15 Min. dämpfen, bis alle geöffnet sind.

4 Inzwischen Ingwer und übrige Schalotte schälen, fein hacken und in einem kleinen Topf in der Butter anbraten. Die Stärke einrühren und anschwitzen lassen, mit der Kokosmilch ablöschen.

5 Wenn die Muscheln gar sind, den Dämpfkorb herausnehmen. Weinsud in die Kokossauce rühren, kräftig aufkochen lassen und mit Salz und Pfeffer abschmecken.

6 Jetzt noch geschlossene Muscheln wegwerfen. Die offenen samt Schale unter die heiße Sauce heben und sofort servieren. Dazu Reis oder Stangenweißbrot reichen.

Chili-Catfish

● Gelingt leicht
● Kalorienarm

Für 4 Personen:

5 Chinakohlblätter
(ersatzweise Mangold-
oder Wirsingblätter)
2 Frühlingszwiebeln
2 frische kleine rote
Chilischoten
1–2 Knoblauchzehen
4 Catfish-Filets (je etwa
200 g; ersatzweise
Viktoriabarsch)
3 EL Limetten- oder
Zitronensaft
2 EL Öl · Salz
2 EL geröstete ungesalzene
Erdnüsse
Pfeffer

Zubereitungszeit: 30 Min.
Marinierzeit: 30 Min.

Pro Portion ca.: 1145 kJ/275 kcal
35 g EW/12 g F/7 g KH

1 Die Chinakohlblätter putzen, waschen und in fingerbreite Streifen schneiden. Die Frühlingszwiebeln putzen und waschen. Das Grüne und das Weiße getrennt in feine Scheiben schneiden. Die Chilischoten waschen, der Länge nach aufschlitzen. Kerne und Stielansätze entfernen, die Schoten in feine Streifchen schneiden. Knoblauch schälen.

2 Die Fischfilets kalt abspülen und gut trockentupfen. Für die Marinade Limettensaft, Öl und die Chilistreifen vermischen. Den Knoblauch durch eine Presse dazudrücken. Die Fischfilets in der Marinade wenden und zugedeckt darin 30 Min. ziehen lassen.

3 Die Chinakohlblätter locker auf dem Boden des Bambuskörbchens verteilen und leicht salzen. Darauf das Weiße der Frühlingszwiebeln streuen. Den Fisch aus der Marinade nehmen, abtropfen lassen und nebeneinander ins Bambuskörbchen legen.

4 Einen Topf oder Wok 5 cm hoch mit Salzwasser füllen. Den Bambuskorb darauf stellen, mit dem Deckel verschließen. Wasser aufkochen lassen und den Fisch bei mittlerer Hitze 10 Min. dämpfen.

5 Inzwischen die Erdnüsse grob hacken. Fischfilets salzen und pfeffern. Mit Chinakohlblättern und Zwiebelscheiben auf vorgewärmten Tellern anrichten. Mit der übrigen Marinade beträufeln und mit dem Zwiebelgrün und den Erdnüssen bestreuen. Als Beilage thailändischen Duftreis oder Basmatireis servieren.

Rotbarben nach Thai-Art

● Etwas teurer
● Für Gäste

Für 2 Personen:

| 1 EL geschälte Sesam- samen |
| 4 küchenfertige Rotbarben (je etwa 200 g) |
| 1 unbehandelte Zitrone |
| 1 EL Sonnenblumenöl |
| 3 EL trockener Sherry (ersatzweise Gemüsebrühe) |
| 4 EL helle Sojasauce |
| 1 Stück frischer Ingwer (etwa walnußgroß) |
| 1 frische rote Chilischote |
| 4 Stiele Koriandergrün (ersatzweise Petersilie) |
| 2 Frühlingszwiebeln |
| 4–5 Salatblätter · Salz |

Zubereitungszeit: 30 Min.
Marinierzeit: 30 Min.

Pro Portion ca.: 1140 kJ/270 kcal
40 g EW/7 g F/2 g KH

1 Sesam in einer Pfanne ohne Fett goldgelb rösten. Die Fische waschen und trockentupfen. Die Zitrone waschen, abtrocknen und die Schale mit einem Zestenschneider in feinen Streifen abziehen, den Saft auspressen.

2 1/2 EL Sesam mit Öl, Sherry, 2 EL Sojasauce und 1 EL Zitronensaft verrühren.

3 Ingwer schälen und sehr fein hacken. Chilischote putzen und in feine Ringe schneiden. Kräuterblättchen abzupfen.

4 Rotbarben innen und außen mit der Hälfte der Marinade bestreichen, jeweils etwas Ingwer, Chilischote, Zitronenschale und Koriander in den Bauch füllen. Zugedeckt 30 Min. im Kühlschrank marinieren.

5 Inzwischen die Frühlingszwiebeln waschen, putzen und in fingerlange Stücke schneiden. Die Salatblätter waschen und in Stücke zupfen.

6 Salatblätter locker auf dem Boden des Bambuskörbchens verteilen, die Fische darauf arrangieren, mit Frühlingszwiebeln, Koriander, übrigem Sesam und Ingwer bestreuen, mit der restlichen Marinade beträufeln.

7 Einen Topf oder Wok 3 cm hoch mit Salzwasser füllen, die übrigen 2 EL Sojasauce hinzufügen. Den Bambuskorb darauf stellen. Flüssigkeit aufkochen lassen, den Fisch zugedeckt bei mittlerer Hitze 10 Min. dämpfen.

8 Die Rotbarben leicht salzen. Mit Reis und nach Belieben einer süß-sauren Tomatensauce servieren.

Nudeltaschen auf Spinat

● Fernöstlich
● Braucht etwas Zeit

Falls Sie nur einen kleinen oder einen einstöckigen Bambuskorb haben, sollten Sie die Nudeltaschen am besten nacheinander in 2–3 Portionen garen. Die fertigen Taschen bis zum Servieren auf eine Platte legen, gut abdecken und im Backofen bei 50°–75° warmhalten.

Für 4 Personen:

| 1 EL getrocknete Shiitake- Pilze (etwa 10 g) |
| 250 g Mehl |
| 2 Eier · Salz |
| 1 Zwiebel |
| 1 Knoblauchzehe |
| 1 Stück frischer Ingwer (etwa 1 cm) |
| 1 Bund Schnittlauch |
| 2 Handvoll frischer Blattspinat |
| 350 g Hackfleisch |
| 1 TL Sojasauce |
| 1 TL Speisestärke |
| Pfeffer |
| 1 EL Sesamöl |
| Mehl für die Arbeitsfläche |

Zubereitungszeit: 1 Std.

Pro Portion ca.: 2010 kJ/480 kcal
26 g EW/14 g F/60 g KH

1 Die getrockneten Pilze mit kochendem Wasser übergießen und zugedeckt 30 Min. quellen lassen.

2 Inzwischen für den Nudelteig Mehl, Eier, Salz und 3 EL Wasser verkneten. Den Teig zugedeckt ruhen lassen.

3 Inzwischen Zwiebel, Knoblauch und Ingwer schälen und sehr fein hacken. Schnittlauch waschen und in Röllchen schneiden. Spinat putzen, waschen und abtropfen lassen. Eingeweichte Pilze abtropfen lassen und fein hacken.

4 Hackfleisch, Zwiebel, Knoblauch, Ingwer, die Hälfte des Schnittlauchs, Sojasauce, die gehackten Pilze und die Stärke gründlich verkneten. Die Masse mit Salz und Pfeffer würzen.

5 Nudelteig portionsweise auf einer leicht bemehlten Arbeitsfläche hauchdünn ausrollen. Daraus Quadrate von 8 cm Größe schneiden.

6 Auf jedes Quadrat 1 gehäuften TL Füllung setzen, Teig zu einem Dreieck zusammenklappen und die Ränder andrücken. Spinatblätter salzen und pfeffern, in den Bambuskorb füllen. Die Nudeltaschen nebeneinander auf das Spinatbett setzen.

7 Einen Topf oder Wok mit 3/8 l Wasser füllen und den Bambuskorb darauf stellen. Wasser zum Kochen bringen, die Nudeltaschen zugedeckt bei mittlerer Hitze 15 Min. dämpfen.

8 Fertige Nudeltaschen vor dem Servieren mit Sesamöl bepinseln und mit dem restlichen Schnittlauch bestreuen. Dazu sollten Sie eine süß-scharfe Chilisauce (Fertigprodukt) zum Würzen reichen.

TIP!

Die rohen Nudeltaschen lassen sich auch schön knusprig ausbacken. Dafür spezielles Fritierfett oder Butterschmalz auf 180° erhitzen. Die Temperatur ist richtig, wenn an einem hineingehaltenen Holzlöffelstiel kleine Bläschen aufsteigen. Die Nudeltaschen portionsweise ins Fett geben und rundherum goldgelb ausbacken. Mit einer süß-scharfen Chilisauce zum Dippen servieren.

**Im Bild vorne: Rotbarben nach Thai-Art
Im Bild hinten:
Nudeltaschen auf Spinat**

Chinesische Hefebrötchen

● Braucht etwas Zeit
● Preiswert

Für 12 Stück:

Für den Hefeteig:
1/2 Würfel frische Hefe (etwa 20 g)
1 TL Zucker
400 g Mehl
Für die Füllung:
3 Frühlingswiebeln
1 Knoblauchzehe
1 Stück frischer Ingwer (etwa haselnußgroß)
1 Bund Suppengrün
1 EL Öl
2 EL helle Sojasauce
2 TL Hoisinsauce
1 TL Sesamöl
1/2 TL Zucker
Salz · Pfeffer
Außerdem:
1 EL Sesamöl
2 EL Schnittlauchröllchen

Ruhezeit für den Teig: 45 Min.
Zubereitungszeit: 1 Std.

Pro Stück ca.: 650 kJ/155 kcal
5 g EW/20 g F/29 g KH

1 Für den Teig Hefe und Zucker in 200 ml lauwarmem Wasser auflösen. Mit dem Mehl zu einem geschmeidigen Teig verkneten. Zugedeckt an einem warmen Ort 30 Min. ruhen lassen. Nochmals durchkneten und weitere 30 Min. gehen lassen.

2 Inzwischen für die Füllung Zwiebeln, Knoblauch und Ingwer schälen. Suppengrün putzen und waschen. Alles winzig fein würfeln.

3 In einer Pfanne das Öl erhitzen. Zwiebel, Knoblauch, Ingwer und Suppengrün unter Rühren darin anbraten. Sojasauce, Hoisinsauce und Sesamöl hinzufügen und alles aufkochen lassen. Mit Zucker, Salz und Pfeffer würzen, abkühlen lassen.

4 Den Teig zu einer Rolle formen und in 12 gleich große Stücke schneiden. Diese zu etwa 8 cm großen Kreisen ausrollen. Jeweils etwas Füllung in die Mitte der Kreise setzen und die Teigränder darüber zusammendrehen. Den Bambuskorb mit einer feuchten Stoffserviette auslegen. Die Brötchen portionsweise nebeneinander, mit etwa 4 cm Abstand, hineinsetzen.

5 Einen Topf oder Wok mit 3/8 l Wasser füllen, den Korb darüber setzen. Wasser zum Kochen bringen und die Hefebrötchen zugedeckt bei mittlerer Hitze 15 Min. garen. Zum Servieren mit Sesamöl beträufeln und mit Schnittlauch bestreuen. Dazu einen Dip aus Sojasauce mit ein paar Tropfen Chiliöl reichen.

Gemüseallerlei

● Vegetarisch
● Kalorienarm

Für 2 Personen:

2 EL getrocknete Mu-Err-Pilze
1/2 kleiner Chinakohl
1 rote Paprikaschote
2 Möhren
3 Stangen Staudensellerie
100 g Zuckerschoten
150 g Bambussprossen (aus der Dose)
1 Knoblauchzehe
1 Stück frischer Ingwer (etwa 2 cm)
Salz · 3 EL Öl
1 EL Sesamsamen
3 EL helle Sojasauce
100 ml Gemüsebrühe
1 Prise Zucker · Pfeffer

Zubereitungszeit: 40 Min.

Pro Portion ca.: 1295 kJ/310 kcal
13 g Ew/16 g F/36 g KH

1 Die getrockneten Pilze mit kochendem Wasser übergießen und 20 Min. einweichen.

2 Inzwischen das frische Gemüse putzen und waschen. Chinakohl und Paprikaschote in Streifen schneiden. Möhren schräg in Scheiben, Sellerie in etwa 4 cm lange Stücke schneiden, die Zuckerschoten ganz lassen. Bambussprossen abtropfen lassen und würfeln.

3 Knoblauch und Ingwer schälen, den Ingwer möglichst fein würfeln. Die eingeweichten Pilze gründlich abspülen und in kleinere Stücke zupfen.

4 Chinakohl, Paprika, Möhren, Staudensellerie, Zuckerschoten, Bambussprossen und Pilze locker vermengen, in den Bambuskorb füllen.

5 Einen Topf 3–4 cm hoch mit Salzwasser füllen, den Korb darauf stellen. Wasser aufkochen lassen und das Gemüse zugedeckt bei mittlerer Hitze in 10–12 Min. bißfest dämpfen.

6 Inzwischen in einer Pfanne das Öl erhitzen, Sesamsamen und Ingwer darin etwas Farbe annehmen lassen. Den Knoblauch dazudrücken und kurz mitbraten. Mit Sojasauce und Gemüsebrühe ablöschen und die Mischung mit Zucker, Salz und Pfeffer würzen.

7 Das Gemüse auf einer vorgewärmten Platte dekorativ anrichten. Mit der heißen Gewürzmischung übergießen und sofort servieren. Dazu Patna- oder Duftreis reichen.

Schweinefilet auf Wirsingstreifen

- Fernöstlich
- Gelingt leicht

Für 4 Personen:

10 g getrocknete Mu-Err-Pilze
1 Tomate
250–300 g Wirsing
100 g Sojasprossen
300 g Schweinefilet
1 TL unbehandelte, abgeriebene Zitronenschale
Salz · Pfeffer
1 Msp. Macis (Muskatblüte)
1 EL Sesamöl
1/2 TL Chiliöl (ersatzweise 2–3 Tropfen Tabasco)

Zubereitungszeit: 45 Min.

Pro Portion ca.: 745 kJ/180 kcal
13 g EW/12 g F/4 g KH

1 Die getrockneten Pilze mit kochendem Wasser übergießen und 30 Min. quellen lassen. Inzwischen die Tomate heiß überbrühen, häuten, halbieren, entkernen und würfeln. Wirsing putzen, waschen und in fingerbreite Streifen schneiden, Sojasprossen kurz abbrausen.

2 Das Schweinefilet in acht gleich große Scheiben schneiden. Zuerst dünn mit Zitronenschale einreiben, dann leicht salzen und pfeffern. Pilze abtropfen lassen und in kleinere Stücke zupfen.

3 Wirsing, Sojasprossen, Pilze, übrige Zitronenschale und Macis vermischen. Den Wirsing salzen und pfeffern und in den Dämpfkorb füllen. Mit der Tomate bestreuen. Die Fleischscheiben ins Gemüse stecken.

4 Einen Topf oder Wok 3–5 cm hoch mit Wasser füllen, den Bambuskorb hineinstellen und das Wasser aufkochen lassen. Das Filet zugedeckt 12 Min. dämpfen. Vor dem Servieren Sesam- und Chiliöl vermischen und darüber träufeln.

Vietnamesische Fleischbällchen

- Preiswert
- Kalorienarm

Für 4 Personen:

Für die Bällchen:
1 Frühlingszwiebel
1 Knoblauchzehe
1 Stück frischer Ingwer (etwa 2 cm)
400 g Schweinehackfleisch
1 Ei
2 EL dunkle Sojasauce
1 TL Sesamöl
1/2 TL Zucker
Salz · Pfeffer
2 TL Speisestärke
Für den Dip:
1 rote frische Chilischote
5 EL Fischsauce (ersatzweise helle Sojasauce)
5 EL Limettensaft (oder Zitronensaft)
Zucker
Außerdem:
8–10 Salatblätter
2 Möhren
100 g Salatgurke
4 Stengel Minze (ersatzweise Koriandergrün)
Öl zum Einfetten

Zubereitungszeit: 45 Min.

Pro Portion ca.: 1160 kJ/280 kcal
20 g EW/15 g F/18 g KH

1 Für die Fleischbällchen die Frühlingszwiebel waschen und putzen. Knoblauch und Ingwer schälen. Alles sehr fein hakken und in eine Schüssel geben.

2 Das Hackfleisch hinzufügen und alles gut vermischen. Ei, Sojasauce,

Sesamöl, Zucker, etwas Salz und Pfeffer kräftig unterrühren. Den Fleischteig mit Stärke bestäuben und so lange verkneten, bis sie sich damit verbunden hat.

3 Aus der Masse mit angefeuchteten Händen tischtennisballgroße Bällchen formen. Nebeneinander auf einen leicht eingeölten Teller legen. Kalt stellen.

4 Inzwischen für den Dip die Chilischote waschen, putzen und in hauchdünne Ringe schneiden. Fischsauce, Limettensaft, 5 EL Wasser und die Chiliringe verrühren. Mit Zucker abschmecken und in vier Schälchen füllen.

5 Einen Topf oder Wok 5 cm hoch mit Wasser füllen, den Teller im Bambuskorb darauf setzen. Wasser zum Kochen bringen und die Bällchen zugedeckt bei mittlerer Hitze 10–12 Min. garen.

6 In der Zwischenzeit die Salatblätter waschen, abtropfen lassen und etwas kleiner zupfen. Möhren, Gurke und

Minze waschen. Die Möhren schälen, die Gurke längs halbieren, beide Gemüse in Scheiben schneiden. Salat, Gemüsescheiben, Minzestengel und die fertigen Fleischbällchen zusammen auf einer Platte dekorativ anrichten.

7 Am Tisch jeweils 1 Fleischbällchen mit etwas Möhre, Gurke und Minze in 1 Stück Salatblatt wickeln, in den Dip tauchen und aus der Hand essen.

TIP!

Wer mag, kann die Fleischbällchen nach dem Dämpfen noch einzeln auf kleine Holzspießchen stecken und auf einem Tisch-, Holzkohlengrill oder unter dem Backofengrill knusprig braun werden lassen. Die Bällchen von den Spießen schieben und, wie oben beschrieben, einwickeln und genießen.

**Im Bild vorne: Schweinefilet auf Wirsingstreifen
Im Bild hinten: Vietnamesische Fleischbällchen**

Verblüffend einfach zu handhaben, komfortabel und energiesparend ist das Garen im elektrischen Dampfgarer (nicht zu verwechseln mit dem Schnellkochtopf, der mit hohem Druck arbeitet). Auch im Dampfgarer werden Gemüse, Fisch und Fleisch nur durch schonenden Dampf zubereitet. Mit der durchdachten Technik ist man schnell vertraut.

So funktioniert der Dampfgarer

Für den Dampf sorgt ein Heizelement, das wie der Wasserbehälter im Bodengefäß eingebaut ist. Der Dampf steigt durch die Öffnungen im Korbboden nach oben.

Je nach Ausstattung gehören ein oder zwei (so genannte) Dampfkörbe zum Gerät, außerdem Spezialkörbe, zum Beispiel eine Reisschale. Praktisch: Mit dem Dampfgarer können Sie gleichzeitig Verschiedenes garen. Entweder in zwei Körben übereinander oder, bei kleineren Portionen, nebeneinander in einem Dampfkorb. Durch ihre ovale Form eignen sich die Körbe auch hervorragend zum Dämpfen von länglichem Gemüse wie Spargel, Möhren, Zucchini und Fischen.
In der Tropfschale sammelt sich während des Dämpfens Flüssigkeit. Sie kann später als Basis für eine Sauce oder eine Suppe verwendet werden.

Dämpfen im elektrischen Dampfgarer

Bitte beachten!

Im Gegensatz zu den anderen Dämpfmethoden dürfen beim Dampfgarer nur Wasser und keine Gewürze in den Wasserbehälter gefüllt werden. Eine Zeitschaltuhr schaltet das Gerät nach dem Dämpfvorgang automatisch ab.

Noch mehr Aroma

Zum Dämpfen an sich ist kein Fett nötig. Wenn Sie nicht streng auf Kalorien und Fett achten müssen, können Sie, wenn sich beim Zubereiten keine Sauce ergibt, den Geschmack eines Gerichtes dadurch vollends abrunden, indem Sie vor dem Servieren ein wenig flüssige Butter oder aromatisches Öl, wie zum Beispiel kaltgepreßtes Oliven-, Sesam- oder Chiliöl, darüber träufeln. Augen und Gaumen können Sie zusätzlich verwöhnen, indem Sie auf die Speisen ein »Extra« streuen: Das können feingehackte frische Kräuter sein, geschroteter bunter Pfeffer oder Eiwürfelchen. Dekorativ machen sich auch feingewürfeltes rohes Gemüse, Ringe von Frühlings-

zwiebeln, hauchdünne geröstete Knoblauchscheibchen, aber auch Sonnenblumen- und Kürbiskerne.

Hilfreiche Tricks

Diese gelten für alle Dämpfmethoden, die im Buch beschrieben sind:
• Gehen Sie beim Würzen sparsam mit Salz um, da die Lebensmittel beim sanften Dämpfen wenig an Mineralsalzen verlieren, also viel von ihrem Eigengeschmack erhalten bleibt.
• Um die Entstehung des Dampfs zu beschleunigen, können Sie schon lauwarme Flüssigkeiten verwenden.

• Tiefgekühltes Gemüse und tiefgekühlter Fisch muß vor dem Dämpfen nicht aufgetaut werden. Die Garzeit verlängert sich allerdings dann um 10–25 Prozent.
• Zweifach gegart nennen Asiaten diese Methode: Fleisch oder Fisch nur ganz kurz in der Pfanne anbraten. Mit Küchenpapier entfetten und anschließend fertig dämpfen.
• Gedämpfter Reis hat zwar eine fast doppelt so lange Garzeit wie gekochter, aber er setzt garantiert nicht an und wird schön körnig.
• Zart behäutetes Obst und

Gemüse lassen sich im heißen Wasserdampf besonders leicht entsaften. Empfehlenswert beispielsweise für empfindliche Beeren, Kirschen oder reife Tomaten.

So geht's auch

Sämtliche Rezepte dieses Kapitels gelingen Ihnen ebensogut im flexiblen Siebeinsatz, im Stapeltopf, im Wok oder im Bambuskorb.

Garnelen auf Ingwerkohl

● Etwas teurer
● Gelingt leicht

Für 2 Personen:

8 rohe, ungeschälte Riesen-
garnelen (etwa 300 g)
2 Limetten (ersatzweise
unbehandelte Zitronen)
Salz · Pfeffer
500 g junger Wirsing
(oder Spitzkohl)
1–2 Knoblauchzehen
1 Stück frischer Ingwer
(etwa 3 cm)
1 EL Butter
2 EL Crème fraîche

Zubereitungszeit: 30 Min.

Pro Portion ca.: 1355 kJ/325 kcal
36 g EW/13 g F/13 g KH

1 Die Garnelen aus der
Schale brechen, dabei
aber den Schwanz dran-
lassen. Mit einer Messer-
spitze den dunklen Darm
entfernen. Garnelen ab-
spülen, trockentupfen
und jeweils bis zum
Schwanzansatz längs
halbieren.

2 Die Limetten heiß abspülen und abtrocknen.
Von 1 Limette zuerst die
Schale abreiben, dann
den Saft auspressen. Die
Garnelen mit Salz, Pfef-
fer und 1 EL Limettensaft
würzen.

3 Vom Wirsing den
Strunk und die Außen-
blätter entfernen. Kohl in
fingerbreite Streifen

schneiden, waschen und
abtropfen lassen.

4 Das Bodengefäß des
Geräts bis zur minimalen
Füllstandsmarkierung mit
Wasser füllen. Wirsing in
den unteren Dampfkorb
legen, die Garnelen im
zweiten Korb obenauf
setzen. Zusammen zuge-
deckt 10 Min. dämpfen.

5 Inzwischen Knoblauch
und Ingwer schälen,
beides möglichst fein
würfeln. Die Butter in
einem breiten Topf zer-
lassen, Knoblauch und
Ingwer darin anbraten.
Limettenschale und
Crème fraîche unterrüh-
ren, weiter köcheln lassen.

6 Die Garnelen und den
Kohl warm stellen. Die
Flüssigkeit aus der Auf-
fangschale zur Sauce ge-
ben, sämig einkochen
lassen. Den Kohl locker
unterheben. Mit Salz,
Pfeffer und dem Limet-
tensaft abschmekken.

7 Die zweite Limette
achteln. Den Ingwerkohl
auf Tellern verteilen, die
Garnelen obenauf setzen
und mit Limettenachteln
garnieren. Als Beilage
Reis oder Baguette ser-
vieren.

Heilbuttkoteletts mit Kräutermöhren

● Preiswert
● Gelingt leicht

Für 4 Personen:

500 g Bundmöhren
1 unbehandelte Zitrone
4 Heilbuttkoteletts (je
etwa 200 g)
Pfeffer
je 1/2 Bund glatte
Petersilie und Basilikum
2 EL Butter
100 ml Gemüsebrühe
Salz

Zubereitungszeit: 45 Min.

Pro Portion ca.: 1430 kJ/340 kcal
44 g EW/11 g F/17 g KH

1 Von den Möhren das
Grün bis auf etwa 2 cm
entfernen. Die Möhren
gründlich waschen und
schälen, ganz lassen. In
den dunklen Einsatz le-
gen und in einen Dämpf-
korb stellen.

2 Die Zitrone heiß abwaschen, abtrocknen und
halbieren. Von 1 Hälfte
zuerst die Schale fein
abreiben und die Möhren
damit bestreuen. An-
schließend den Saft aus-
pressen.

3 Das Bodengefäß des
Geräts bis zur maximalen
Füllstandsmarkierung mit
Wasser füllen. Die Möh-
ren darauf setzen und
zugedeckt zunächst
15 Min. dämpfen.

4 Inzwischen die Fischkoteletts kurz kalt ab-
spülen und gut trocken-
tupfen. Rundherum mit
Pfeffer und 2 EL Zitro-
nensaft würzen. Den
Fisch in den zweiten
Dampfkorb legen.

5 Den Heilbutt über die
Möhren setzen und alles
zusammen noch 12 Min.
garen.

6 Währenddessen die
Kräuter waschen und
trockenschütteln. Je ein
paar Petersilien- und
Basilikumblättchen zum
Garnieren beiseite legen,
den Rest fein hacken. Die
übrige Zitronenhälfte in
feine Scheiben schnei-
den. Die Butter in einer
beschichteten Pfanne
zerlassen.

7 Den Fisch zugedeckt
warm stellen. Die Möhren
in der Pfanne mit der
Butter vermengen, dann
die gehackten Kräuter
darüber streuen. Die Ge-
müsebrühe angießen und
die Möhren mit Salz und
Pfeffer abschmecken.

8 Die Heilbuttkoteletts
salzen und mit den
Kräutermöhren auf
vorgewärmten Tellern

anrichten. Mit Zitronen-
scheiben und Kräuter-
blättchen garnieren. Als
Beilage eine Wildreis-
Mischung servieren.

VARIANTE

Feiner, aber auch etwas
teurer, sind Lachskoteletts,
die Sie ebenso zubereiten
können. Statt Möhren dann
Kohlrabi nehmen. Das
Gemüse putzen, waschen, in
fingerdicke Stifte schneiden
und zunächst ohne Fisch
10 Min. dämpfen. Vor dem
Servieren noch mit einem
Hauch frisch geriebener
Muskatnuß abschmecken.

TIP!

Bundmöhren gibt es nur
in der warmen Jahres-
zeit. Wenn Sie keine
bekommen können, neh-
men Sie einfach Möhren
ohne Grün. Das Gemüse
dann putzen und längs
halbieren. Statt Basili-
kum schmeckt auch Dill
gut in der Kräutermi-
schung.

**Im Bild vorne: Garnelen
auf Ingwerkohl
Im Bild hinten: Heilbutt-
koteletts mit Kräuter-
möhren**

Zanderfilet mit Sauce Mousseline

● Kalorienarm
● Für Gäste

Für 4 Personen:

4 Zanderfilets (je etwa 150 g)
weißer Pfeffer
2 Bund Frühlingszwiebeln
1 Tomate
1 Schalotte
200 ml Fischfond (aus dem Glas)
1/8 l trockener Weißwein
2 cl trockener Wermut (z. B. Noilly Prat)
2 EL Butter · Salz
2 EL Crème double (ersatzweise Crème fraîche)
1–2 TL Zitronensaft
ein paar Kerbelblättchen zum Garnieren

Zubereitungszeit: 30 Min.

Pro Portion ca.: 1140 kJ/270 kcal
31 g EW/10 g F/6 g KH

1 Fisch trockentupfen und pfeffern. Die Frühlingszwiebeln putzen, waschen und die unteren Enden etwa 12 cm lang abschneiden.

2 Die Tomate überbrühen, abschrecken, häuten und halbieren. Stielansatz und Kerne entfernen, das Tomatenfleisch in Streifen schneiden.

3 Das Bodengefäß des Geräts bis zur minimalen Füllstandsmarkierung mit Wasser füllen. Die grünen Zwiebelabschnitte auf den Boden des Dampfkorbes verteilen. Den Fisch darauf legen. Zugedeckt 10 Min. dämpfen.

4 Inzwischen für die Sauce die Schalotte schälen und fein hacken. In einem Topf Fischfond, Weißwein, Wermut mit der Schalotte bei starker Hitze offen um zwei Drittel einkochen lassen.

5 Währenddessen in einer Pfanne die Butter erhitzen, die weißen Zwiebelteile darin bei mittlerer Hitze unter Wenden etwas Farbe annehmen lassen. Leicht pfeffern und zugedeckt warm stellen.

6 Den Fisch leicht salzen und zugedeckt warm stellen. Die Flüssigkeit aus der Auffangschale zum Fischfond in den Topf gießen. Die Crème double unterrühren und die Sauce sämig einkochen lassen. Mit Salz und Zitronensaft abschmecken.

7 Zwiebeln und Fisch auf Tellern anrichten, die Filets mit der Sauce überziehen, mit Tomatenstreifen und Kerbel garnieren.

Jakobsmuscheln mit Kräuterbutter

● Für Gäste
● Etwas teurer

Für 4 Personen (als Vorspeise):

8–12 frische Jakobs-
muscheln in der Schale
(möglichst gleich große)
100–150 g Kräuterbutter
weißer Pfeffer
ein paar frische Kräuter-
blättchen zum Garnieren

Zubereitungszeit: 35 Min.

Pro Portion ca.: 1255 kJ/300 kcal
6 g EW/31 g F/2 g KH

1 Die geschlossenen Jakobsmuscheln zum Öffnen zunächst mit der tiefen Seite nach unten mit einem Küchenhand-tuch in der linken Hand festhalten. Ein spitzes, stabiles Messer zwischen die Schalenhälften schieben und damit den Muskel an der flachen Innenseite durchschnei-den (das geht am besten mit einer kräftigen Dreh-bewegung). Die flache obere Schale abheben.

2 Das Fleisch aus der unteren Schale mit dem Messer behutsam aus-lösen. Das weiße Muskel-fleisch (die »Nuß«) und den orangefarbenen Rogen (auch »Corail« ge-nannt) voneinander trennen. Den grauen Rand und alle dunklen Teile entfernen. Muskel-fleisch, Rogen und die unteren Schalenhälften kalt abspülen und trok-kentupfen.

3 Die Kräuterbutter in 8–12 Stücke teilen. In je 1 Schalenhälfte 1 Stück Muskelfleisch und 1 Ro-gen legen, obenauf 1 Stück Kräuterbutter setzen. Gefüllte Schalen portionsweise so in den Dampfkorb setzen, daß sie möglichst gerade stehen, damit die flüssige Kräuterbutter später nicht herauslaufen kann.

4 Das Bodengefäß des Geräts bis zur minimalen Füllstandsmarkierung mit Wasser füllen. Einen oder zwei Dampfkörbe auf-setzen und die Muscheln zugedeckt bei mittlerer Hitze 5–7 Min. dämpfen. Sie sind gar, wenn sie auf Druck nur noch wenig nachgeben.

5 Die Jakobsmuscheln in den Schalen anrichten, nur ganz leicht pfeffern, mit Kräuterblättchen gar-nieren und sofort servie-ren. Dazu Baguette oder italienisches Weißbrot reichen.

Hasenfilet mit Sherrysauce

● Für Gäste
● Kalorienarm

Bei guten Wildhändlern erhalten Sie Hasenfilets auch gleich ausgelöst. Aus den Knochen, Fleischabschnitten, Wurzelgemüse und Gewürzen können Sie – mit etwas Zeit – einen Wildfond selber kochen.

Für 4 Personen:

Für das Filet:
2 Hasenrücken, frisch oder tiefgekühlt (je etwa 500 g)
5 EL Sherry (Oloroso oder Cream)
2 TL Zitronensaft
Pfeffer
Holzstäbchen zum Feststecken
1 kleiner Rotkohl (etwa 1,2 kg)
Salz
Für die Sauce:
400 ml Wildfond (aus dem Glas, ersatzweise Fleischbrühe)
2 Wacholderbeeren
2 Lorbeerblätter
1 TL Saucenbinder
2 EL Sherry (Oloroso oder Cream)
Salz · Pfeffer
4 blaue Feigen

Zubereitungszeit: 1 Std. (ohne Auftauzeit)

Pro Portion ca.: 1500 kJ/360 kcal
39 g EW/8 g F/24 g KH

1 Tiefgekühlte Hasenrücken langsam (am besten über Nacht im Kühlschrank) auftauen lassen.

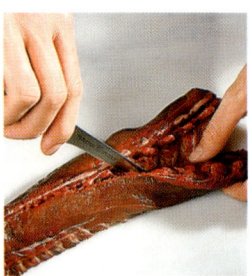

Hasenfilets vom Knochen lösen und in vier gleich große Portionen schneiden. Sherry, Zitronensaft und Pfeffer verrühren, das Fleisch damit einpinseln und zugedeckt marinieren.

2 In der Zwischenzeit reichlich Salzwasser aufkochen lassen. Vom Rotkohl die unschönen Blätter entfernen. Den Kopf ins kochende Wasser legen und zugedeckt etwa 15 Min. köcheln lassen.

3 Kohl herausheben, kalt abschrecken, die äußeren 8 Blätter vorsichtig voneinander lösen und zum Abtropfen auf Küchenpapier ausbreiten. Dicke Mittelrippen von beiden Seiten flach schneiden.

4 Je 2 Kohlblätter überlappend auf eine Arbeitsfläche legen, salzen und pfeffern. In die Mitte je 1 Stück abgetropftes Filet setzen. Die Kohlblätter seitlich über das Filet schlagen, dann einrollen. Die Blattenden mit Holzstäbchen feststecken.

5 Die Päckchen nebeneinander in den dunklen Einsatz legen und in den Dampfkorb stellen. Das Bodengefäß bis zur maximalen Füllstandsmarkierung mit Wasser füllen. Den Dampfkorb obenauf setzen und die Päckchen zugedeckt 20–25 Min. garen.

6 Inzwischen für die Sauce in einem Topf Wildfond, die übrige Marinade, die zerdrückten Wacholderbeeren und die Lorbeerblätter aufkochen und offen bei starker Hitze um ein Drittel einkochen lassen. Wacholderbeeren und Lorbeerblätter entfernen. Die Sauce mit Saucenbinder binden und mit Sherry, Salz und Pfeffer abschmecken.

7 Die Feigen mit Küchenpapier abwischen und in der Sherrysauce erwärmen. Die Filetpäckchen schräg in Scheiben schneiden, mit der Sauce und den Feigen auf vorgewärmten Tellern anrichten.

VARIANTEN

Statt mit Hasenrückenfilet schmeckt dieses Gericht auch fein mit anderem Wild wie bespielsweise Reh- und Hirschfilet oder auch mit Rinderfilet. Das Fleisch in vier möglichst gleich große Stücke schneiden, damit es gleichzeitig gar ist. Probieren Sie auch mal eine andere Geschmacksnote für die Sauce, indem Sie den Sherry durch roten Portwein ersetzen.

Safran-Gemüse-Reis

● Vegetarisch
● Gelingt leicht

Als Beilage reicht der Reis für 6 Personen.

Für 4 Personen:

1 Zwiebel
1 EL Butterschmalz
1 Zimtstange
6 Kardamomkapseln
4 Gewürznelken
2 Lorbeerblätter
250 g Möhren
1 Döschen Safran (0,2 g)
300 g Basmatireis
150 g tiefgekühlte Erbsen
1/2 l Gemüsebrühe (oder Wasser)
1 Prise Zucker
Salz
1/4 TL Cayennepfeffer
50 g Cashewkerne
100 g Blattspinat
Pfeffer

Zubereitungszeit: 50 Min.

Pro Portion ca.: 1920 kJ/460 kcal
13 g EW/12 g F/78 g KH

1 Die Zwiebel schälen, halbieren und in feine Streifen schneiden. In einer Pfanne das Butterschmalz erhitzen, Zwiebel, Zimt, Kardamom, Nelken und Lorbeer darin unter Rühren 1–2 Min. rösten, bis die Gewürze duften und die Zwiebel goldgelb ist.

2 Die Möhren schälen und klein würfeln. Den Safran in 2 EL heißem Wasser auflösen.

3 Den Reis mit der gerösteten Zwiebel-Gewürz-Mischung, dem aufgelösten Safran, den Möhren und den Erbsen in die Reisschale füllen. Die Gemüsebrühe dazugießen und mit Zucker, 1 TL Salz und Cayennepfeffer würzen. Das Ganze umrühren.

4 Das Bodengefäß des Geräts bis zur maximalen Füllstandshöhe mit Wasser füllen. Die Reisschale im Dampfkorb obenauf setzen, den Reis 30 Min. dämpfen.

5 Inzwischen die Cashews grob hacken und in eine Pfanne bei mittlerer Hitze goldgelb rösten. Herausnehmen und beiseite stellen. Den Spinat putzen, waschen und abtropfen lassen.

6 Den Spinat oben auf den Reis geben, zusammen noch 10 Min. dämpfen. Den Reis mit einer Gabel auflockern, mit Salz und Pfeffer abschmecken. In eine vorgewärmte Schüssel umfüllen und mit den Cashewkernen bestreuen. Der Reis paßt gut zu kurzgebratenem Fleisch oder Fleischspießchen.

Spinat-Pilzkuchen

● Preiswert
● Braucht etwas Zeit

Für 2 Personen:

Für den Spinatkuchen:
500 g frischer Spinat (oder 300 g tiefgekühlter Blattspinat)
Salz
2 Schalotten
1 Knoblauchzehe
100 g Egerlinge (oder Champignons)
1 1/2 EL Butter
2 Eier
100 g Sahne
1 TL unbehandelte, abgeriebene Zitronenschale
Muskatnuß, frisch gerieben
1–2 Msp. Cayennepfeffer
Pfeffer
1–2 EL Zitronensaft
Für den Kartoffelschnee:
400 g gleich große, mehlige Kartoffeln
1 EL weiche Butter
Paprika, edelsüß

Zubereitungszeit: 1–1 1/4 Std. (ohne Auftauzeit)

Pro Portion ca.: 1985 kJ/475 kcal
16 g EW/32g F/37 g KH

1 Tiefgekühlten Spinat auftauen lassen. Für den frischen Spinat reichlich Salzwasser aufkochen lassen. Den Spinat verlesen, waschen und im kochendem Wasser 2 Min. blanchieren. Danach kalt abschrecken und gut abtropfen lassen.

2 Schalotten und Knoblauch schälen und klein würfeln. Pilze putzen, 2 schöne zum Garnieren beiseite legen, den Rest fein hacken.

3 In einer Pfanne die Butter zerlassen. Zunächst die Hälfte der Schalotten darin goldgelb werden lassen, herausheben und beiseite stellen. Dann die restlichen Schalottenwürfel, den Knoblauch und die gehackten Pilze unter Rühren anbraten, bis sie etwas Farbe angenommen haben.

4 Die Eier mit der Sahne und der Zitronenschale verquirlen, mit Salz, Muskatnuß und Cayennepfeffer kräftig würzen.

5 Spinat gut ausdrücken und grob hacken. Spinat mit der Zwiebel-Pilz-Mischung und der Eiersahne gründlich vermengen. Mit Salz, Pfeffer und Zitronensaft abschmecken.

6 Die Spinatmasse in die Reisschale füllen und glattstreichen. Die Kartoffeln waschen und in einen Dampfkorb legen.

7 Das Bodengefäß bis zur maximalen Füllstandsmarkierung mit Wasser füllen. Die Reisschale mit der Spinat-

masse in den zweiten Dampfkorb setzen, auf die Kartoffeln stellen und beides 30–40 Min. garen.

8 Inzwischen für den Kartoffelschnee die weiche Butter mit der übrigen angebratenen Schalotte verrühren, mit etwas Paprikapulver und Salz würzen.

9 Den fertigen Spinatkuchen mit einem Messer vom Rand der Reisschale lösen, in Portionsstücke teilen und auf vorgewärmte Teller oder eine Platte heben. Die beiden Champignons in Scheiben schneiden, die Spinatkuchenstücke damit garnieren, noch kurz warm stellen.

10 Für den Kartoffelschnee die Kartoffeln pellen und durch eine Presse in eine flache Schüssel drücken oder zerstampfen. Die Schalotten-Butter darüber zerlaufen lassen. Sofort zum Spinatkuchen servieren.

Im Bild vorne: Safran-Gemüse-Reis
Im Bild hinten: Spinat-Pilz-kuchen

Zweierlei Spargel mit Zitronensabayon

● Etwas teurer
● Vegetarisch

Für 4 Personen:

500 g weißer Spargel
500 g grüner Spargel
1 unbehandelte Zitrone
5 Eigelb
4 EL Sahne
Salz
1 Prise Zucker
150 g roher Schinken (z. B. Schwarzwälder- oder San-Daniele-Schinken) nach Belieben

Zubereitungszeit: 30 Min.

Pro Portion ca.: 1205 kJ/280 kcal
13 g EW/23 g F/10 g KH

1 Beide Spargelsorten waschen und die unteren holzigen Enden abschneiden. Den weißen Spargel ganz schälen, den grünen nur im unteren Drittel.

2 Die Zitrone heiß abspülen und abtrocknen. 2 TL Schale in hauchdünnen Streifen abreiben oder mit einem Zestenschneider abschneiden. Den Saft auspressen.

3 Das Bodengefäß des Geräts bis zur minimalen Füllstandsmarkierung mit Wasser füllen. Den weißen Spargel in den einen Dampfkorb legen und zunächst zugedeckt 7 Min. garen.

4 Dann den grünen Spargel in den zweiten Korb legen, über den weißen Spargel setzen und alles zusammen in weiteren 5–7 Min. garen, bis der Spargel gerade gar ist.

5 Für das Sabayon in einer Schüssel (am besten ist eine Metallschüssel) Eigelbe, Sahne, 1 EL Zitronensaft, abgeriebene Zitronenschale und 4 EL vom Spargelwasser aus der Auffangschale verrühren.

6 Die Mischung im heißen Wasserbad bei schwacher bis mittlerer Hitze mit einem Schneebesen zu einem cremigen Schaum aufschlagen. Mit Salz, Zucker und Zitronensaft abschmecken.

7 Weißen und grünen Spargel auf vorgewärmte Teller verteilen, das Zitronensabayon darüber löffeln. Den Schinken separat zum Spargel servieren. Dazu schmecken neue Kartoffeln.

Artischocken mit Petersilienfüllung

● Braucht etwas Zeit
● Für Gäste

Für 4 Personen:

4 Bund glatte Petersilie
1 Zweig Thymian
2 EL Pinienkerne
6 EL Olivenöl
2 Knoblauchzehen
Salz · Pfeffer
6 kleine junge Artischocken (möglichst mit Stiel)
4–5 EL Zitronensaft
1 unbehandelte Orange
1 Schalotte
200 ml trockener Weißwein (oder Gemüsebrühe)
2 Lorbeerblätter
4 Gewürznelken
200–250 g Sahne
1 Msp. Safran

Zubereitungszeit: 1 Std.

Pro Portion ca.: 1780 kJ/425 kcal
10 g EW/29 g F/32 g KH

1 Die Petersilie und den Thymian waschen, trockenschütteln und die Blättchen fein hacken. Pinienkerne in einer beschichteten Pfanne ohne Fett goldgelb rösten, herausnehmen und beiseite stellen.

2 Für die Füllung in der Pfanne 1 EL Öl erhitzen. Knoblauch schälen und ins Öl drücken. Petersilie (bis auf 1 EL) und Thymian dazugeben und alles kurz erhitzen.

Pinienkerne und 2 EL Öl unter die Kräuter mischen, mit etwas Salz und Pfeffer würzen.

3 Die Artischockenstiele auf 5 cm kürzen und schälen. Äußere Blätter großzügig entfernen, die Artischocken längs halbieren. Mit einer Schere das obere Drittel der harten Blattspitzen abschneiden. Das »Heu« auf den Artischockenböden mit einem Messer entfernen. Alle Schnittstellen sofort mit Zitronensaft bepinseln, damit sie sich nicht schwarz verfärben.

4 Das Bodengefäß des Geräts bis zur maximalen Füllstandshöhe mit Wasser füllen. Die Artischockenhälften in zwei Dampfkörbe verteilen und zugedeckt bei mittlerer Hitze 20–25 Min. garen.

5 Inzwischen für die Sauce die Orange heiß abwaschen und abtrocknen, die Schale abreiben, den Saft auspressen. Die Schalotte schälen, fein hacken und in den übrigen 3 EL Öl glasig braten.

6 Mit Wein und Orangensaft ablöschen. Lorbeer, Nelken und Orangenschale hinzufügen und alles 3 Min. kochen lassen. Sahne und Safran dazugeben, unter Rühren 2–3 Min. köcheln lassen. Lorbeer und Nelken herausfischen.

7 Die Sauce mit Salz und Pfeffer abschmecken, die restliche Petersilie unterrühren.

8 Die Petersilienfüllung in die Artischockenhälften verteilen und auf der Orangensauce anrichten.

TIP!

Von den Artischocken sind der Boden einschließlich Stiel und die inneren zarten Blätter ganz eßbar. Die äußeren Blätter werden in die Orangensauce getaucht und dann nur die fleischigen unteren Enden ausgelutscht.

**Im Bild vorne: Artischocken mit Petersilienfüllung
Im Bild hinten: Zweierlei Spargel mit Zitronensabayon**

Impressum

© 1998 Gräfe und Unzer Verlag GmbH, München. Alle Rechte vorbehalten. Nachdruck, auch auszugsweise, sowie Verbreitung durch Film, Funk und Fernsehen, durch fotomechanische Wiedergabe, Tonträger und Datenverarbeitungssysteme jeglicher Art nur mit schriftlicher Genehmigung des Verlages.

Redaktion: Christine Wehling
Lektorat: Adelheid Schmidt-Thomé
Layout, Typographie, Umschlaggestaltung:
Heinz Kraxenberger
Herstellung: Renate Hausdorf
Produktion: Helmut Giersberg
Fotos: Reiner Schmitz
Grafiken: Anke Wätjen (Seite 4, 29)
Satz: Computersatz Wirth
Reproduktion: C. G. Colourscan
Druck: Appl, Wemding
Bindung: Sellier, Freising
ISBN 3-7742-3595-3

Auflage	5.	4.	3.	2.	1.
Jahr	02	01	2000	99	98

Dankeschön an die Firma Schulte-Ufer

Marlisa Szwillus
wurde die Liebe zum Kochen in die Wiege gelegt, denn ihre Eltern legen großen Wert auf gutes Essen und beste Qualität der Lebensmittel. So wuchs die Freude am Kochen und Genießen. Aus dem Hobby wurde Berufung; Studium der Ökotrophologie, dann Redaktion im Kochressort einer großen Frauenzeitschrift. Im Anschluß daran leitete sie mehrere Jahre lang das Kochressort der größten deutschen Food- und Haushaltszeitschrift. Seit 1993 ist sie als freie Food-Journalistin und Kochbuchautorin tätig.

Reiner Schmitz
begann seine berufliche Laufbahn in Düsseldorf und München als Assistent bei verschiedenen Food- und Stillife-Fotografen. 1989 machte er sich als Foto-Designer in diesen Spezialgebieten selbständig. Zu seinen Kunden zählen Industrie, Werbeagenturen und Verlage. Besonderen Wert legt Reiner Schmitz auf stimmungsvolle Aufnahmen, die die natürliche Frische der Lebensmittel wiedergeben. Die Fotos dieses Buches entstanden in enger Zusammenarbeit mit dem Koch und Foodstylisten Rudolf Vornehm.

ABKÜRZUNGEN

TL = Teelöffel
EL = Eßlöffel
Msp. = Messerspitze

kJ = Kilojoules
kcal = Kilokalorien
EW = Eiweiß
F = Fett
KH = Kohlenhydrate